Amsterdam

**Susanne Völler
Jaap van der Wal**

Inhalt

Welkom! *4*
Geschichte *10*
Gut zu wissen! *12*
Sprachführer *14*
Reise-Service *16*

Zu Gast in Amsterdam *22*
Hotels *24*
Essen & Trinken *32*
Shopping *44*
Nightlife *52*
Kultur & Unterhaltung *60*
Freizeit & Fitness *66*
Sightseeing *68*
Ausflüge *80*

Extra-Touren *82*

Extra-Tour 1 *84*
Rotlichtviertel De Wallen

Extra-Tour 2 *86*
Jüdisches Viertel

Extra-Tour 3 *88*
Waterstad Amsterdam

Extra-Tour 4 *90*
Rund um den Vondelpark

Extra-Tour 5 *92*
Jordaan-Viertel

Impressum/Fotonachweis *94*

Register *95*

Wel

Die Ankunft mit dem Zug ist die schönste Art, erste Bekanntschaft mit Amsterdam zu machen. Ähnlich sahen Seefahrer über Jahrhunderte hin diese Stadt vor sich auftauchen. In einem letzten großen Bogen fährt die Bahn auf die größte Pfahlsiedlung der Welt zu, scheint ein paar Meter übers Wasser zu gleiten, um dann ganz langsam in den beeindruckenden Bahnhof einzuziehen. Endstation

kom!

– und *van harte welkom* in der Grachtenstadt! Wo einst nur Wasser und viel weiter Himmel waren, trennt heute die Centraal Station die Innenstadt Amsterdams vom IJ, der durch Schleusen vom IJsselmeer abgetrennten Bucht. Wie die gesamte Stadt, so ruht auch der monumentale Bahnhof auf nicht minder monumentalen Pfählen.

Amsterdam – leben und leben lassen

Waren es einst Holzpfähle, die sich etwa 10 m tief in den Boden bohrten, muß heute Beton her. Auf Sand gebaut wird noch immer, doch treibt man die Betonpfeiler inzwischen in Tiefen von 20–60 m und setzt sie auf die zweite bzw. dritte Erdschicht. Ein paar Hundert braucht es schon für ein schmales Haus, nahezu 9000 stützen die Centraal Station, und der Koninklijk Paleis ruht gewichtig gar auf 13 659. Das Gesamtkunstwerk Amsterdam veranlaßte den niederländischen Dichter E. J. Potgieter im 19. Jh. zu der Aufforderung: »Wenn die Nacht anbricht, ladet die Bürger ein, von der anderen Seite des IJ herüberzuschauen, denn das großartige Schauspiel belebt die Sinne: Wie Amsterdam, ebenso kühn wie schön, über die Meere herrscht.«

Nun kann die Entdeckung namens Amsterdam beginnen. Die Stadt zieht schon hier, auf dem Stationsplein, alle Register, um den Besucher für sich zu gewinnen – mit fröhlichen Drehorgelmelodien und Glockenspielklängen, dem aufgeregten Schellen der buntbemalten Trams, dem Nebeneinander von Straßenmalern und -musikern. Amsterdam, das ist oft Liebe auf den ersten Blick, und nicht wenige träumen fortan davon, einmal zurückzukehren und dann für immer hier zu bleiben. So wie die amerikanischen Christmas Twins (s. S. 42), die immer gern von ihrer ersten Begegnung mit der Stadt schwärmten: Sie hatten im Laufe ihrer Entertainer-Karriere die ganze Welt gesehen, Auftritte in allen großen Theatern hinter sich, und dann kam Amsterdam, ...wo sie fast 20 Jahre glücklich in ihrem *coffeehoek* Kuchen backten, Klamotten häkelten und Kunden unterhielten. Sie waren nicht die ersten, und sie werden nicht die letzten bleiben. Und Gary Christmas gibt die Stadt mit ihren liebenswerten Menschen nach dem Tod seines Bruders Greg Trost.

Seit der Entstehung Amsterdams vor rund 700 Jahren kamen Menschen aus allen Himmelsrichtungen her, um sich hier niederzulassen. Die sprichwörtliche Freiheit und Toleranz besaßen (und besitzen noch heute) geradezu magische Anziehungskraft auf Flüchtlinge, Emigranten und gelehrte ausländische Humanisten. Im Laufe der Zeit wurde die Stadt zum Schmelztiegel der Kulturen. In früheren Jahrhunderten kamen

Welkom

Sie machen das Stadtbild bunt: die Straßenkünstler

Flamen, Hugenotten und Juden – überwiegend Glaubensflüchtlinge – nach Amsterdam; in unserem Jahrhundert waren es vor allem Bewohner der niederländischen Kolonien und ›Gastarbeiter‹ aus Südeuropa und Nordafrika. Heute ist jeder vierte Amsterdamer ein Immigrant. Chinesen, Türken, Marokkaner, Surinamer, Ghanesen – alle importierten ihre kulturelle Identität. Um die Integration zu fördern, gehören Sprachkurse für *nieuwkomers* zur offiziellen Politik, und, verglichen mit anderen europäischen Ländern, gibt es verhältnismäßig wenig ethnische Konflikte. Leben und leben lassen lautet das Credo, das hier für alle Subkulturen gilt. Die große Lesben- und Schwulenszene beispielsweise wird nicht allein im Stadtrat durch einen eigenen Beauftragten vertreten, sondern hat eigens für Gay-Angelegenheiten zuständige Beamte in den Polizeiwachen.

Neben den gut 700 000 Einwohnern bevölkern Jahr für Jahr Millionen in- und ausländischer Besucher Amsterdam. Auf sie wartet schließlich die größte historische Innenstadt Europas – mit mehr als 6800 Baudenkmälern aus dem 16.–19. Jh. Tiefstapeln braucht sie nicht: Keine andere Stadt der Welt hat pro Quadratmeter so viele Sehenswürdigkeiten zu bieten wie die holländische Hauptstadt. Amsterdam wird immer wieder vorgeworfen, ihm fehlten die ganz großen Highlights – doch eine Stadt, in der sich auf fast jedem Meter etwas Neues entdecken läßt, muß sich keineswegs hinter den größeren verstecken. Hier steckt die Schönheit im Detail – en masse. Amsterdams Geheimnis besteht darin, daß das historische Erbe mit dem Leben von heute Hand in Hand geht.

Wichtigstes Kapital der Stadt ist ihre Grachtenidylle – sie bezaubert wirklich jeden. Gleiches tun die etwas aus dem Gleichgewicht geratenen Giebelhäuser, deren Haupt sich mehr oder minder gefährlich zur Seite oder nach vorn neigt. Und die etwas steif grüßenden Türme der zahlreichen Kirchen mit ihren Glockenspielen, die auch mal einen Popsong klimpern. Die Fassaden mit den Giebelsteinen, quasi das »Who's who« der Amsterdamer, bevor Napoleon ihnen zu nahe trat. Die *hofjes* mit ihrer ganz eigenen Welt… Die Haus-

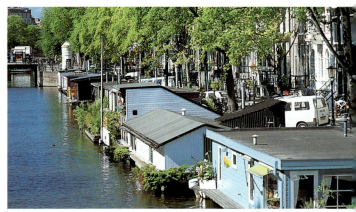

Grachtenidylle und Ostindiensegler – Wasser prägt seit Jahrhunderten das Leben in Amsterdam

boote, Symbol einer ganz besonderen Lebensauffassung. Das reiche Kunst- und Kulturerbe, das mit viel Liebe und Sorgfalt gepflegt wird. Diese Denkmalpflege wird so funktionell und nüchtern wie möglich betrieben: Besser, man unterteilt eine alte Kirche in neue Büroräume, als sie mangels Kirchgängern und Geld abzubrechen und ein neues Bürogebäude zu errichten. Die Fassaden von heruntergekommenen Häusern werden saniert, während dahinter ein von Grund auf neues Haus entsteht.

Und last but not least locken das *gezellige* Amsterdamer Leben und die Menschen Gäste in die Stadt. Kontaktfreudig, offen, wort- und sprachgewandt – dieses Bild von sich lieben sie, und sie werden ihm meist gerecht. Bezeichnend für ihre Einstellung ist der Vergleich zwischen den rivalisierenden Metropolen Rotterdam und Amsterdam. In Rotterdam, so sagen die Holländer, werde das Geld verdient, das die Amsterdamer dann wieder mit vollen Händen ausgäben. Sie feiern gern und lieben es auszugehen. Darüber hinaus stehen die Hauptstädter im Ruf, ein bißchen unverschämt und eigensinnig zu sein, und das macht sich besonders auf dem Gebiet der Stadtpolitik bemerkbar: Mitsprache und Widerspruch werden in der Amsterdamer Politik ganz hoch gehalten, ja genießen beinahe heiligen, unantastbaren Status. Es ist eine Seltenheit, daß ein Beschluß vom Stadtrat gefällt wird, ohne daß diesem eine erhitzte Debatte und Eingaben besorgter Bürger vorausgegangen sind. Amsterdamer sind nicht per se schwierig, nur halten sie nicht allzuviel von autokratischem Regierungsstil. Sie wollen das Gefühl haben, daß sie und ihre Belange berücksichtigt werden. Ist dies nicht der Fall, kann das zu Volksaufständen führen, und letzten Endes ist die Verwaltung dann doch gezwungen, klein beizugeben. Die Kraker (Hausbesetzer) und die Provos erreichten mit ihren lautstarken Protesten in den 60er und 70er Jahren beispielsweise die Wende zu einer ausgesprochen sozialen Wohnungsbaupolitik.

Viele großangelegte Neubau- und Sanierungsprojekte sind mitt-

Welkom

lerweile abgeschlossen, fast die gesamte Innenstadt sowie zahlreiche angrenzende ältere Viertel wurden gründlich aufpoliert. Das heißt nicht, daß jedermann zufrieden und glücklich wohnt: Vor allem im Zentrum und im Jordaan sind viele alte Häuser in überteuerte Appartements umgewandelt worden, scheint Wohnen nur noch den ›Happy Few‹ vorbehalten. Weniger Wohlhabende werden herausgedrängt und bringen bis zu zwölf Jahre auf Wartelisten für eine bessere Wohnung zu.

Immer mehr Einwohner organisieren sich auch, um dem weiter zunehmenden Flugverkehr über der Stadt Einhalt zu gebieten. Ob sie sich auf Dauer werden durchsetzen können, ist fraglich. Amsterdam ist Nutznießer des Flughafens – Schiphol ist der größte Arbeitgeber der Stadt –, aber dieses Wachstum hat eben auch seine Kehrseite. Eine andere (vermeintliche) Bedrohung wartet auf Bewohner und Besucher zu ebener Erde: die Drogenkriminalität. Die jahrelange, sehr tolerante Politik von Stadt und Staat führte zu einer wahren Invasion ausländischer Drogenabhängiger. Unter dem Druck europäischer Nachbarländer wurde die Politik angepaßt. Oft übersehen diese Scheuklappen-Politiker – allen voran die Franzosen und die Deutschen – aber die Existenz der ausgefeilten Hilfsprogramme und den Ansatz, Drogenabhängige nicht von vornherein als Kriminelle, sondern als hilfsbedürftige Kranke zu behandeln. Durch offensiven und öffentlichen Umgang mit dem Drogenproblem wurde erreicht, daß die Hilfsprogramme publik wurden und damit sehr effektiv wirken. So ist z. B. die Zahl der Aidsfälle unter Abhängigen die niedrigste ganz Europas. Durch die Verschärfung der Drogenpolitik ist Amsterdam nicht länger das europäische Mekka von Drogenkonsumenten, und der Zulauf von Drogentouristen hat spürbar abgenommen.

Amsterdamer haben gelernt, mit diesen Großstadtproblemen zu leben. Die liberale Haltung verhindert, daß die Stadt jemals langweilig wird, und der Raum für Experimente schafft ein Spannungsfeld, in dem Politik, Kunst und Kultur sich reiben und gedeihen. Schließlich gilt es, die Position als kulturelles Zentrum der Niederlande zu behaupten und immer wieder aufs neue herauszustellen.

Geschichte

Überall taucht die Nationalfarbe der Holländer auf: *oranje*

Die Zeit der Grafen

Um 1240 entsteht im Zuge einer Amstel-Eindeichung die erste Siedlung. Die Grafen von Holland verleihen ihr das Zollrecht, und 1275 erlangt Amsterdam Stadtrechte. Handel und Schiffahrt entwickeln sich schnell. Um 1400 wird die erste, steinerne Stadtmauer mit Festungstürmen errichtet.

Burgundische Zeit

Um 1500 fällt die Stadt an die Habsburger. Kaiser Maximilian verleiht ihr das Recht, seine Krone im Wappen zu führen. Mit Gewalt bekämpfen Karl V. und sein Sohn Philipp II. den stets weiter an Boden gewinnenden Protestantismus. Prinz Willem van Oranje führt den Widerstand der protestantischen Niederlande an. 1578 stellt sich Amsterdam auf seine Seite und wird offiziell protestantisch.

Die Vereinigten Niederlande

Wegen seiner toleranten Einstellung wird Amsterdam zum Zufluchtsort verfolgter Minderheiten. Große Teile der jüdischen Bevölkerung fliehen aus Portugal und Spanien, und nach dem Fall von Antwerpen flüchten Tausende wohlhabender Protestanten aus der Stadt an der Schelde und lassen sich mitsamt ihrem Wissen, Geld und Kontakten in Amsterdam nieder. Zwischen 1570 und 1640 wächst die Stadt von 30 000 auf 140 000 Einwohner. Im Jahr 1613 beginnt der planmäßige Ausbau der Stadt: Der Grachtengürtel wird angelegt.

Das Goldene Zeitalter

Holland hat die Alleinherrschaft auf See errungen und steigt im 17. Jh. zur führenden Handelsnation auf. Handelsvereinigungen konzentrieren sich auf

Geschichte

die Kolonien in Ost- und Westindien und sammeln unermeßliche Reichtümer an. Ein großer Teil des Geldes wird in den Bau von Stadtpalästen entlang der Grachten und in Kunst investiert: Die niederländische Malerei gelangt mit Rubens und Vermeer zu bis dato nicht dagewesener Blüte. Der Westfälische Friede von 1648 beendet den Krieg mit Spanien. Wohlstand und Macht der Stadt manifestieren sich im Bau des prachtvollen Rathauses am Dam.

Der Niedergang Im 18. Jh. wird Holland in mehrere Seekriege mit England verwickelt, eine französische Invasion droht, die ehedem gewaltigen Finanz- und Kraftreserven nehmen ab. Gegen Ende des Jahrhunderts trifft die von Napoleon verhängte Kontinentalsperre die immer noch wohlhabende Stadt schwer.

Die französische Zeit Radikale Holländer proklamieren Freiheit, Gleichheit und Brüderlichkeit und gründen mit Hilfe französischer Truppen die Republik Batavia. Napoleon entsendet seinen Bruder nach Amsterdam, dieser regiert bis 1813 als König Lodewijk Napoleon.

Das Königreich der Niederlande Holland und Belgien bilden ein Königreich, bis Belgien 1830 selbständig wird. Der neue Noordzeekanaal bringt der Stadt, die nun zum Heimathafen der Binnenschiffahrt wird, wieder Wohlstand. Die sich verbessernden Lebensbedingungen führen zu einem starken Bevölkerungswachstum.

20. Jh. Der Staat fördert Wohnungsbauprojekte. Stadtteile entstehen, in denen die aufsehenerregende Architektur der Amsterdamer Schule den weniger finanzkräftigen Bürgern guten Wohnraum bietet.
Während des Ersten Weltkrieges bleiben die Niederlande neutral, im Zweiten werden sie von den Nazis besetzt. Amsterdam verliert 10 % seiner Bevölkerung: 100 000 Juden werden ermordet.
1949 wird die Kolonie Indonesien unabhängig. In den 50er Jahren erholt sich die Wirtschaft, der Wohlstand wächst. In den 60er und 70er Jahren stören Provos, Studentenunruhen und Hausbesetzer die Ruhe der Stadt. Als 1975 die Kolonie Surinam unabhängig wird, ziehen Zehntausende Surinamer in die Niederlande und nach Amsterdam.

2000 Das Rijksmuseum wird 200 Jahre alt und feiert dies mit zahlreichen namhaften Ausstellungen, Kongressen und einem großen Fest am 31. Mai.

Gut zu wissen!

Unerwünscht: Gruppen dürfen den Begijnhof nicht mehr betreten

Deutsch-holländisches Verhältnis: Nur wenige Deutsche sprechen Niederländisch, viele Holländer hingegen die deutsche Sprache, meistens gut und oftmals gerne. Doch es gibt auch Holländer, die mit Deutschen am liebsten kein Wort wechseln. Noch immer bestehen Vorbehalte gegenüber der einstigen Besatzungsmacht.

Unverständlich ist, daß gerade auch das Deutschland-Bild von Jugendlichen so von Vorurteilen belastet ist, wie Umfragen ergaben. Sie finden die Nachbarn im Osten arrogant, überheblich, kriegslüstern. Dieses ›Wissen‹ haben sie, obwohl viele von ihnen noch nie im Nachbarland waren – und auch gar nicht hin wollen.

Leider gibt es aber auch immer noch Deutsche, die nicht einsehen wollen, daß – kraß gesprochen – die Niederlande keine Kolonie Deutschlands sind und die automatisch davon ausgehen, daß jeder Deutsch spricht, sie sich aber keine Mühe mit der fremden Sprache geben müssen. Dabei wird der Versuch, sich ein paar holländische Floskeln anzueignen oder es erstmal mit Englisch zu versuchen, anerkennend registriert.

Drogen: Seit den 70er Jahren forciert Hollands Regierung eine sehr fortschrittliche Drogenpolitik, u. a. duldet sie weiche Drogen wie Marihuana oder Haschisch: Sie können verkauft und geraucht werden. Gegen Besitzer und Käufer harter Drogen geht die Polizei allerdings streng vor. In den Coffeeshops werden *softdrugs* auf der Speisekarte angeboten, liegen Spacecakes oder BonBons in der Auslage, wird mit Hasch aufgebrühter Tee oder Kaffee serviert. Die Einrichtung dieser Lokale war auch als Kampfansage gegen den unkontrollierbaren Straßenverkauf zu verstehen, der trotzdem weiter seine Blüten treibt. Vor allem im Rotlichtviertel wird man ständig von Dealern angesprochen. Am besten gar nicht reagieren und weitergehen – die Verkäufer sind selten hartnäckig. Inzwischen ist die Zahl der Coffeeshops reduziert worden, weil sie Tummelplatz vor allem ausländischer Jugendlicher geworden waren.

Sicherheit: Die Sicherheit auf den Amsterdamer Straßen soll zuneh-

Gut zu wissen

men: Seit 1999 werden auch kleine Delikte sofort und sehr drastisch verfolgt, vom Urinieren in die Gracht (s. u.) übers Falschparken bis hin zum Nicht-Einhalten der Verkehrsregeln durch Radfahrer. Allein Taschendiebstähle haben zugenommen – und zwar massiv (s. auch S. 19).

›Problem‹ Tourismus: Hunderttausende von Touristen bevölkern Monat für Monat die Grachtenstadt, nahezu 500 000 sind es allein im Spitzenmonat August. Fast immer begegnen die Amsterdamer ihnen äußerst hilfsbereit und freundlich, doch einigen ist der Andrang in den letzten Jahren zu arg geworden, vor allem den Bewohnern der *hofjes* (s. S. 71f.). Sie hatten den Besuchern Tür und Tor geöffnet und nicht damit gerechnet, von einer Lawine überrollt zu werden. Ein paar Innenhöfe bleiben inzwischen verschlossen bzw. ihr Zugang ist reglementiert. So dürfen Gruppen den Begijnhof, das bekannteste Hofje der Stadt, nicht mehr betreten. »Wir kamen uns vor wie im Zoo«, so eine Bewohnerin, »und hatten uns sogar überlegt, den Hof ganz zu schließen«. Zu diesem Schritt konnten sie sich dann doch nicht durchringen, schließlich ist der Begijnhof eine *der* Sehenswürdigkeiten der Stadt. Gegen ruhige Besucher haben die Bewohner dieser Anlagen nichts. Und wer ihre Privatsphäre respektiert, also nicht unbedingt noch neugierig durch die Gardine oder die offene Tür linsen muß, ist gern gesehen.

Auch Besitzer beeindruckender Grachtenhäuser sind wenig begeistert, wenn Wildfremde einfach so anklingeln. Nicht jedes Schmuckstück ist schließlich ein Museum.

Höflichkeit

Die Holländer sind sehr viel höflicher als ihre deutschen Nachbarn. ›Danke‹ – *bedankt* – und ›Bitte‹ – *alstublieft* – prasseln wie ein Dauerregen auf Kellner, Verkäufer, Tankwart etc. nieder. Sollte man jemanden auch nur leicht anstoßen, ist ein lautes *sorry* gefordert. Wer etwas bestellen will, geht nicht zur Theke und verlangt ein Bier, sondern fragt, ob er ein Bierchen haben dürfte – *mag ik een biertje?* Auch wer bezahlen will, fragt, ob er dies darf: *Mag ik afrekenen?* Häufig fügen die Holländer auch noch ein zweites Sätzchen hinzu, übers Wetter, die Menschen, das leckere Essen – ›nur‹, um freundlich zu sein.

Toiletten: In vielen Cafés oder Restaurants ist es üblich, 50 ct für die Toilettenbenutzung zu bezahlen, wenn man dort kein Gast ist. Lohn für Toilettenfrau bzw. -mann, die die Sanitäreinrichtungen sauberhalten. Für Herren gibt es übrigens auch öffentliche Pissoirs. Diese alten, dunkelgrünen, eisernen *krullen* sind sehr schön gestaltet. Die Lage dieses ›Straßenmobiliars‹ ist auffällig: Sie stehen häufig an den Grachten. Dieser Standort sollte verhindern, daß die Männer einfach ins Wasser urinieren …

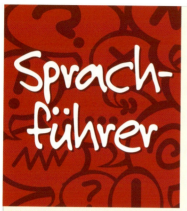

In der holländischen Schriftsprache stößt man manchmal auf ein Trema wie z. B. in Indië oder drieëntwintig, d. h. beide Vokale müssen einzeln gesprochen werden.

Zahlen ab 0

0	nul		twintig
1	een	22	tweeëntwintig
2	twee		
3	drie	23	drieëntwintig usw.
4	vier		
5	vijf	30	dertig
6	zes	31	eenendertig
7	zeven	40	veertig
8	acht	50	vijftig
9	negen	60	zestig
10	tien	70	zeventig
11	elf	80	tachtig
12	twaalf	90	negentig
13	dertien	100	honderd
14	veertien	101	honderd (en) één
15	vijftien		
16	zestien	110	honderd tien
17	zeventien	200	tweehonderd
18	achttien		
19	negentien	300	driehonderd
20	twintig	465	vierhonderd vijfenzestig
21	eenen-		

Nur allzu gern erbringen die Holländer mit links den Beweis, daß sie Englisch, Deutsch, Französisch verstehen und sprechen, und seien es auch nur ein paar Brocken. In der Regel legen sie aber fließend eine Meisterleistung vor dem erstaunten und ihrer Sprache meist nicht mächtigen Gast hin. Einige Sätze und Floskeln des Niederländischen zu können, ist daher nicht nur Ehrensache, sondern auch Gebot der Höflichkeit.

Aussprachehilfen

niederländisch	deutsch
ei z. B. in plein	wie **äi** in Lady, aber kurz
eu z. B. in deur	wie **ö** in dösen
oe z. B in boek	wie **u**
ou z. B. in oud	wie **au**
u z. B in nul	wie **ü**
ui z. B. in uit	etwa **öi**, an diesem Vokal scheitern die meisten Ausländer
ij z. B. in lijn	wie **ei**, kommt im Alphabet an letzter Stelle
g z. B. in tegel	etwa wie **ch** in fluchen
sch z. B. in schaap	s + ch getrennt sprechen

Zahlen von 1000 bis 1 Milliarde

1000	duizend
1001	duizend (en) één
1002	duizend twee
1100	elfhonderd
1200	twaalfhonderd
2000	tweeduizend
10 000	tienduizend
100 000	honderdduizend
200 000	tweehonderdduizend
1 000 000	één miljoen
1 000 000 000	één miljard

Sprachführer

Die wichtigsten Sätze

Entschuldigung, könnten Sie mir helfen?	Pardon/sorry, kunt u me helpen?
Können Sie langsamer sprechen?	Kunt u wat langzamer praten?
Sprechen Sie Deutsch/Englisch?	Spreekt u Duits/Engels?
Ich verstehe Sie nicht.	Ik begrijp u niet.
Wieviel kostet das?	Hoeveel kost dat?
Wie spät ist es?	Hoe laat is het?
Wo ist die Toilette?	Waar is de W.C.?
Bitte einen Tisch für vier.	Graag een tafel voor vier.
Wir möchten gern etwas essen/trinken.	Wij willen graag wat eten/drinken.
Wir hätten gern die Karte.	Mogen wij de kaart?
Guten Appetit!	Eet smakelijk!
Zum Wohl!	Proost!
Die Rechnung bitte.	De rekening alstublieft.
Es hat uns ausgezeichnet geschmeckt.	Het was echt lekker.
Geht es hier nach …?	Is dit de weg naar …?
Wie weit ist es nach …?	Hoever is het naar …?
Haben Sie ein Zimmer mit Bad/Dusche frei?	Heeft u een kamer met bad/douche vrij?
Könnte ich das Zimmer sehen?	Mag ik de kamer zien?
Fährt dieser Bus/Zug/diese Straßenbahn/dieses Boot nach …?	Gaat deze bus/trein/tram/boot naar …?
Ist dieser Platz besetzt/frei?	Is deze plaats bezet/vrij?

Wichtige Vokabeln

guten Tag, Herr	dag meneer	gern geschehen	geen dank/graag gedaan
guten Tag, Frau	dag mevrouw	bitte sehr	alstublieft
hallo	hallo/hoi	Können Sie mir/mich …?	Kunt u me …?
guten Morgen	goedemorgen	Würden Sie bitte …?	Wilt u …?
guten Tag	goedemiddag	Wissen Sie …?	Weet u …?
guten Abend	goedenavond	Haben Sie …?	Heeft u …?
gute Nacht	goedenacht	Ich möchte …	Ik wil graag …
auf Wiedersehen	tot ziens	Darf ich …?	Mag ik …?
tschüß	dag/doei	Wie bitte?	Wat zegt u?
ja/nein	ja/nee	Mein Name ist …	Mijn naam is…
vielleicht	misschien	Wo ist hier …?	Waar is hier…?
Entschuldigung	sorry/pardon	Was kostet …?	Wat kost …?
Es tut mir leid!	Het spijt me!	links/rechts	links/rechts
Achtung!	Let op!/Pas op!	rechts/links ab	linksaf/rechtsaf
Hilfe!	Help!	geradeaus	rechtdoor
danke	bedankt/dank u wel		

Reise-Service

Auskunft

Niederländisches Büro für Tourismus

... für Deutschland
Postfach 270 580, 50511 Köln
Tel. 02 21/92 57 17 27,
Fax 92 57 17 37

... für Österreich und die Schweiz
Rautistrasse 12, 8047 Zürich
Tel. 01/405 22 22, Fax 405 22 00

... im Internet

Weitere Informationen erhalten Sie auch im Internet: www.amsterdam.nl und www.niederlande.de

Informationen vor Ort

Amsterdam Tourist Office (VVV)
Postbus 39 01, 1001 AS
Telefonischer Service Mo–Fr 9–17 Uhr: Tel. 00 31/900-400-40 40 oder 00 31/6/34 03 40 66 (1 hfl/Min.), Fax 625 28 69, e-mail: info@amsterdamtourist.nl
Die niederländische Fremdenverkehrsvertretung hat in Amsterdam mehrere tgl. geöffnete Büros, die Öffnungszeiten variieren allerdings stark (Kernzeit 9–17 Uhr): Stationsplein 10, gegenüber vom Hauptbahnhof (Centraal Station); in der Centraal Station, Gleis 2; Leidseplein 1 (Ecke Leidsestraat); Stadionplein (Ausfahrt der A 10 aus Richtung Utrecht); am Flughafen (Schiphol Plaza).

Hier gibt's nicht nur Infos. Man ist bei der Zimmersuche behilflich, organisiert und bucht Rundfahrten und Ausflüge, reserviert Theater- und Konzertkarten. Außerdem sind Stadtpläne und -führer, Broschüren mit Spazierrouten, Fahrrad- und Wanderkarten sowie Veranstaltungskalender und Stadtmagazine in den Büros gegen eine Schutzgebühr zu bekommen. Auch Tickets für öffentliche Verkehrsmittel und Telefonkarten kann man hier kaufen. Das Amsterdam Tourist Office wechselt Geld gegen eine geringe Gebühr. Im Sommer ist es hier oftmals echt druk, d. h. es ist sehr voll, und man muß lange warten. Vorsicht: Diebe machen in diesem Gewusel gerne und ausgiebig lange Finger.

Amsterdams Uit Buro (AUB)
Leidseplein/Ecke Marnixstraat, Tel. 09 00/01 91 (tgl. 9–21 Uhr, 0,75 hfl/Min.), tgl. 10–18, Do –21 Uhr, Internet: www.aub.nl
Hier sind Karten für (fast) alle kulturellen Ereignisse gegen eine Reservierungsgebühr (3, bei tel. Buchung 5,50 hfl) erhältlich. Bis 16 Uhr können Karten für denselben Abend reserviert werden. Außerdem gibt es regalweise Infos über alles, was an Kulturellem läuft.

Stadtmagazine

Die wichtigsten Informationsquellen sind »Uitkrant« und »What's on«. Ersterer erscheint monatlich und liegt kostenlos bei AUB, den Fremdenverkehrsbüros und in Kulturzentren, Museen etc. aus. Er informiert ausführlich über das Kulturangebot der Stadt, und ist – obwohl auf holländisch – sehr gut zu nutzen. »What's on« wird monatlich neu aufgelegt und kostet 4 hfl. Das englischsprachige Magazin ist bei AUB, den Tourist Offices und in vielen Buchhandlungen zu bekommen. Neben einem knappen Veranstaltungskalender bietet es breitgefächerte Infos über spezielle Veranstaltungen.

Reise-Service

Behinderte

AUB (s. S. 16)
Informationen zur Erreichbarkeit von Geschäften und Kultureinrichtungen, zur Ausstattung von Hotels, Restaurants etc.

Ermäßigungen

Der **Amsterdam Pass** mit 31 Gutscheinen kostet 39,50 hfl und gewährt freien/verbilligten Eintritt bei einigen Museen, dem Museumboot (s. S. 20), Sehenswürdigkeiten, Grachtenfahrten, öffentlichen Verkehrsmitteln sowie einigen Restaurants. Erhältlich u. a. beim Amsterdam Tourist Office.

Reisezeit

In Amsterdam ist immer Saison. Im Sommer herrscht Hochbetrieb; in den Cafés sitzt man dichtgedrängt, und Straßenkünstler und ihr Publikum bevölkern Plätze und Straßen. In dieser Zeit finden die meisten Festivals statt. September und Oktober haben auch ihren Reiz, dann ist das Licht über den Grachten herrlich golden und die beginnende Theater- und Konzertsaison lockt. Der November präsentiert ein überraschend anderes Bild der Grachten, über die sich nun Dunst oder Nebel legt. Im Winter, wenn die Bäume kahl sind, hat man den besten Blick auf die unterschiedlichen Hausfassaden. *Schaatsen* (Schlittschuh laufen) ist der Nationalsport der Holländer, und wo läßt es sich besser flitzen als auf den zugefrorenen Grachten? Die Sonderkonditionen vieler Hotels tun ein übriges, um die kühle Jahreszeit noch sympathischer zu machen. Der Frühling lockt viele Blumenfans in die Stadt, und am 30. April birst sie fast auseinander: Dann wird Koninginnedag (s. S. 60) gefeiert.

Einreise

Deutsche, Schweizer und österreichische Reisende können sich mit einem gültigen Reisepaß oder Personalausweis bis zu drei Monaten in den Niederlanden aufhalten, ohne sich zu anzumelden.

Anreise

Mit dem Flugzeug

Mehrere Fluggesellschaften fliegen den Luchthaven Amsterdam Schiphol täglich von Deutschland, Österreich und der Schweiz an. Unter Tel. 06/35 03 40 50 und 09 00/01 41 – Geduld, oft besetzt – sind Informationen zum Flughafen und zu den Flügen abrufbar.

Schiphol liegt ca. 18 km südwestlich von Amsterdam an der A 4. Außer mit dem **Leihwagen** gelangt man mit Bahn, Bus oder Taxi in die Stadt. Am einfachsten und schnellsten ist es, den **Zug** ins Zentrum zu nehmen. Der Ausgang zum Bahnhof befindet sich direkt gegenüber vom Zoll. Wer schnell zum Bahnhof muß, kann über den Terminal-Bahnweg abkürzen. Alle 20 Min. verläßt eine Bahn den Flughafen in Richtung Hauptbahnhof (CS = Centraal Station), von 1–5 Uhr im 1-Std.-Takt. Fahrtdauer: 20 Min.; Preis einfache Fahrt 2. Kl. 6,50 hfl.

Der **Shuttle-Bus**-Dienst von KLM fährt jede halbe Stunde von

Reise-Service

7–20 Uhr verschiedene Hotels im Zentrum an. Achtung: Es gibt zwei unterschiedliche Routen. Fahrpreis: knapp 20 hfl.

Wer ein **Taxi** nimmt, muß ca. 65 hfl berappen. Taxis sind in Amsterdam und Umgebung relativ teuer. Die Fahrt in den mit Taxametern ausgestatteten Wagen dauert gut 20 Min.

Mit der Bahn

Der Hauptbahnhof, Stationsplein 15, ist an das schnelle EuroCity-Netz angebunden. Mehr als ein Dutzend EuroCity-Züge verbinden deutsche Städte täglich mit Amsterdam. Fahrplanauskunft national (0,75 hfl/Min.) 09 00/92 92, international (0,50 hfl/Min.) 09 00/92 96. Am zentral gelegenen Bahnhof starten und enden viele Tram- und Buslinien; auch die Metro fährt von hier ab (s. S. 19).

Mit dem Bus

Amsterdam ist eines *der* Busreiseziele deutscher Veranstalter. Infos in den Reisemagazinen oder den Beilagen der Zeitungen. Fernbuslinien unterhält z. B. die Deutsche Touring von mehreren Städten in Deutschland aus. Infos:
Deutsche Touring GmbH
Am Römerhof 17,
60486 Frankfurt
Tel. 069/790 30

Mit dem Auto

Die Anreise nach Amsterdam ist einfach, doch sollte man trotzdem auf das Auto verzichten. Der Verkehr in der Stadt ist für Fremde unübersichtlich, Parken unverschämt teuer, und außerdem werden Wagen mit ausländischen Kennzeichen eher aufgebrochen.

Autobahnanschlüsse: Aus Richtung Norddeutschland E 30 (A 30, A1) über Hannover, Osnabrück, Enschede; aus Richtung Süddeutschland E 35 über Essen, Arnhem, Utrecht oder E 31 (A 30, A 1) über Köln, Düsseldorf, Nijmegen Richtung Rotterdam, dann E 35 Richtung Amsterdam.

Parken: Das Auto am besten auf den kostenlosen ›P + R‹-Parkplätzen am Stadtrand abstellen. Tram und Bus verkehren im Pendelverkehr zum Zentrum. In der Innenstadt sind Parkplätze rar und teuer: Innerhalb des Grachtengürtels kostet eine Stunde von Mo–Sa 9–19 Uhr 4,75 hfl, 19–23 und So 12–23 Uhr 2,75 hfl. Tages- und Wochenkarten sind preiswerter und bei den Parkeerbeheer-Büros (s. S. 19) zu bekommen. Auch etliche Hotels verkaufen spezielle Tages- oder Dreitagestickets (33/90 hfl) – allerdings nur für ihre Gäste. Eine günstige Alternative zum Parken in der Innenstadt ist die rund um die Uhr geöffnete Transferium Amsterdam ArenA, die bewachte Parkgarage unter dem neuen Stadion (über A 1, A 2 und A 9 zu erreichen). Gebühren: 2,50/Std. bzw. 12,50 hfl/Tag inkl. 2 Metrorückfahrscheinen für die Innenstadt.

Parkhäuser in der Innenstadt: Kaufhaus Bijenkorf, Beursplein/Damrak; Byzantium Parkeergarage, Stadhouderskade (gegenüber Leidseplein); Muziektheater, Waterlooplein; Nieuwezijds Kolk; Parking Plus Amsterdam Centraal, Prins Hendrikkade; Q-Park, Museumplein; Europarking, Marnixstraat. Letzteres ist sehr empfehlenswert für Ortsunkundige, denn man muß nicht mit dem Auto ins Zentrum und erreicht zu Fuß trotz-

Reise-Service

dem alles innerhalb kürzester Zeit; **günstigstes** Parkhaus.
Falsch parken lohnt nicht. Das Bußgeld liegt bei 130 hfl, und außerdem ziert innerhalb kürzester Zeit eine Parkkralle den Wagen. Wird die Strafe nicht innerhalb von 24 Std. beglichen, schleppt Parkeerbeheer den Wagen ab. Dann heißt es nochmals, mind. 300 hfl draufzulegen. Das Bußgeld muß in einem Parkeerbeheer-Büro entrichtet werden, dann erst wird die Radklemme entfernt.
Zentraler Sammelplatz (rund um die Uhr geöffnet): Daniel Goedkoopstraat 7–9. Infos zu Parken in Amsterdam und abgeschleppten Fahrzeugen unter Tel. 553 03 33.
Parkeerbeheer-Büros: Bakkerstraat 13 (am Rembrandtplein), durchgehend geöffnet; Ceintuurbaan 159 (zwischen Sarphatipark und Van Wouwstraat), Mo–Sa 7–20 Uhr; Kinkerstraat 17 (nahe Polizeizentrale) Mo–Sa 8–23 Uhr.

Unterwegs in Amsterdam

Tram/Sneltram/Metro/Bus

Amsterdam verfügt über ein ausgezeichnetes Netz öffentlicher Verkehrsmittel (Tram, Bus, Nachtbus, Metro, Sneltram). Eine kostenlose Übersicht über die Linien gibt es bei den Städt. Verkehrsbetrieben (GVB, tgl. 8.30–16.30 Uhr) gegenüber vom Bahnhof neben dem Amsterdam Tourist Office. Für alle Verkehrsmittel ist der gleiche Fahrschein gültig. Es gibt Einzelfahrscheine für 3 hfl, verschiedene **Streifenkarten** (*strippenkaart*) – am günstigsten ist die 15er-Streifenkarte für 11,75 hfl – und **Tageskarten** für 10 hfl. Tageskarten erhält man beim GVB oder bei den Fahrern direkt; Streifenkarten beim GVB, Amsterdam Tourist Office, an Bahnhöfen, in Postämtern, Supermärkten und Tabakläden; **Einzelfahrscheine** beim Fahrer. **Achtung:** Tickets beim Fahrer kaufen ist sehr teuer. Am Bahnhof und in den Metrostationen kann man Fahrscheine im Automaten lösen. Infos Tel. 06/92 92, 7–24 Uhr, 0,75 hfl/Min.

Amsterdam ist in elf Zonen aufgeteilt, für Besucher ist eigentlich nur die Zone Centrum interessant (1 *zone* = 2 *strippen*). In immer mehr Fahrzeugen sitzen Kontrolleure, die die Karten direkt abstempeln (hinten einsteigen), sonst muß man die entsprechende Streifenzahl selbst entwerten. Übersichtspläne der Linien und Zonen hängen an allen Stationen; die Nummern der Nachtbuslinien (24–6 Uhr) sind extra gekennzeichnet. **Vorsicht:** Trams und Busse sind bevorzugte Ziele von Taschendieben. Besonders in den Linien 1, 2, 5 wird viel geklaut.

Für Vielfahrer: Mit dem **All Amsterdam Transport Pass** können Sie im Stadtgebiet unbegrenzt einen Tag und eine Nacht lang alle Straßenbahnen, Busse, die Metro sowie den Canal Bus (s. S. 20) für 27,50 hfl benutzen.

Taxi/Wassertaxi

Taxifahren in Amsterdam ist teuer: Für ca. 5 km berechnen die Fahrer etwa 20 hfl. Es kann vorkommen, daß sie kurze Strecken ablehnen, da es sich für sie nicht rentiert. Amsterdams Taxifahrer sind nicht besonders beliebt, sie gelten als

Reise-Service

unfreundlich. Das hat sich in der letzten Zeit allerdings verbessert. **Taxiruf:** Tel. 67777 77.
Spannender ist es allerdings, das **Wassertaxi** zu nehmen – es kann fast überall anlegen und ist rund um die Uhr unterwegs (Tel. 530 10 90).

Leihwagen (Auswahl)

Leihwagen sind in Amsterdam relativ teuer; je nach Wagenklasse zahlt man für eine Woche pro Tag ca. 100–500 hfl.; Sondertarife.
Avis Rent-a-car
Nassaukade 380, 1054 AD,
Tel. 683 60 61; Flughafen Schiphol, Tel. 655 60 50
Budget Rent-a-car
Overtoom 121, 1054 HE,
Tel. 612 60 66; Flughafen Schiphol, Tel. 604 13 49
Hertz
Engelse Steeg 4, 1012 NA,
Tel. 623 61 23; Flughafen Schiphol, Tel. 601 54 16

Fahrräder leihen

Amsterdam ist die Stadt der Radfahrer, und das Fahrrad ist das umweltfreundlichste Verkehrsmittel, doch ob es Ortsfremden wirklich anzuraten ist, hier in die Pedalen zu treten ...? Es dauert, bis man sich an die schnelle und etwas ruppige Fahrweise gewöhnt hat. Ein dickes Plus sind aber die zahlreichen Radwege. Außerdem achten Autofahrer hier eher als in Deutschland auf die Radler.
Bike City
Bloemgracht 70, 1015 TL
Tel. 626 37 21
MacBike
Marnixstraat 220, 1016 TL
Tel. 626 69 64
Preise: pro Tag ca. 10/12,50, pro Woche ca. 50 hfl, das Hinterlegen eines Pfandes (50–200 hfl) ist üblich. Personalausweis mitbringen.

Organisierte Rundfahrten & Ausflüge

Wassertouren

Einstündige **Grachtenrundfahrten** werden das ganze Jahr über von zahlreichen Gesellschaften angeboten. Anlegeplätze sind u. a. am Bahnhof, Leidseplein, Rokin und an der Stadhouderskade.

Das **Museumboot** läuft sieben Haltestellen (z. B. den Bahnhof oder den Museumplein) an und verbindet 15 Museen miteinander. Etwa alle 30 bzw. 45 Min. gehen Boote ab. Die Tageskarte kostet 25 hfl bzw. nach 13 Uhr 20 hfl und gewährt 10–50 % Ermäßigung auf die Eintrittspreise der Museen. Tel. 530 10 90. Der **Artis Express**, ein Liniendienst, verbindet Bahnhof und Tiergarten Artis. Stopp auch am Nederlands Scheepvaart Museum. Dauer ca. 1 Std., ganzjähriger Betrieb, 10–17 Uhr, 15 hfl. Eine Tageskarte für den **Canal Bus** schlägt mit 22 hfl zu Buche. Es gibt drei Routen mit elf Haltestellen im Stadtgebiet; zusteigen kann man z. B. am Rijksmuseum, am Anne Frank Huis oder am Bahnhof (s. auch All Amsterdam Transport Pass S. 19). Gleichzeitig gewährt das Ticket Ermäßigungen bei einigen Museen, Restaurants und Geschäften. Canal Bus bietet auch eine spezielle **Jazz Cruise** durch die beleuchteten Grachten (kleiner Imbiß inkl.) für 57 hfl. Abfahrt Sa 20 und 22 Uhr am Rijksmuseum (April–Okt.). Reservierung Tel. 623 98 86.

Reise-Service

Dinner- und Lunchkreuzfahrten können über das Amsterdam Tourist Office gebucht werden. Preise: ca. 60–150 hfl. Unter dem verheißungsvollen Titel **No panic 2** findet eine Grachtenrundfahrt mit verrückten, spektakulären, liebenswürdigen Theatereinlagen statt (z. T. auf englisch). Reservierung Tel. 679 13 70. Mo–So 20.15, So auch 14.15 Uhr. Preis: 45 hfl. Wer seine Route selbst bestimmen möchte, kann **Tretboot** fahren. 1 Std. Canal Bike pro Pers.: 12,50 hfl + 50 hfl. Kaution. Geöffnet ca. 10–18.30, im Sommer –22 Uhr; Liegeplätze: Anne Frank Huis, Leidseplein, (im Winter nur) Rijksmuseum und Keizersgracht/Leidsestraat.

Eine kostenlose **Hafenrundfahrt** im ältesten Teil des Hafens bietet eine kleine Fähre, die alle 8 Min. hinter dem Hauptbahnhof ablegt und über das IJ schippert. Die Überfahrt dauert nur 5 Min., aber man hat einen herrlichen Ausblick. Bootssteg 7 an der De Ruijterkade, 6.30–21 Uhr. Länger ist die **historische Fähre** unterwegs: Auf der zweistündigen Besichtigungsfahrt über das IJ sieht man nicht nur alte, sondern auch sehr moderne Architektur. Abfahrt: Landungssteg 9 (De Ruijterkade); an So und Feiertagen (außer 30. April) von Ende März–Mitte Okt. 12, 14 und 16 Uhr. Preis: 9/6 hfl.

Stadtrundfahrt/-gang

Eine konventionelle **Stadtrundfahrt** inkl. Besuch einer Diamantschleiferei bietet z. B. Lindbergh an. Die zweieinhalbstündige Bustour beginnt tgl. um 10/14.30 Uhr (im Winter nur um 14.30 Uhr) am Büro der Gesellschaft (Damrak 26). Preis: 27,50 hfl. Auch **Ausflüge in ganz Holland** im Programm. Infos Tel. 622 27 66.

Eine neue Alternative, die Stadt kennenzulernen, ist die **Circle-Tram 20**. Diese Straßenbahnlinie verbindet tgl. von 9–19 Uhr die meisten Sehenswürdigkeiten und Hotels der Stadt miteinander. Sie fährt im 10-Min.-Rhythmus und kann mit allen gängigen Fahrscheinen sowie dem speziellen Circle-Tram-Ticket (GVB) benutzt werden.

Das Amsterdam Tourist Office verfügt nicht über einen eigenen Fremdenführerservice. Doch bei der **Niederländischen Organisation für Fremdenführer Guidor** findet man eine Frau oder einen Mann für alle Fälle – gleich welche Sprache und Sparte (Kunst, Architektur, Führungen durch besondere Gebäude etc.) man wünscht. Keizersgracht 680, 1017 ET, Tel. 627 00 06, Fax 639 13 78.

Yellow Bike bietet **Fahrradwanderungen und Stadtrundgänge im Zentrum** an. Die dreistündige Fahrradtour kostet 32,50 hfl, der 1 3/4 Std. lange Rundgang im Herzen der Stadt 17,50 hfl. Treffpunkt: Nieuwezijds Kolk 29. Fahrradtour 9.30/13 Uhr, Rundgang nach Absprache (mind. 8 Personen). Tel. 620 69 40.

Durchs **Rotlichtviertel** geleitet der Soziologe Rob van Hulst. Die schiere Sensationslust befriedigen seine Führungen nicht, vielmehr beschäftigt er sich mit sozialen und architektonischen Aspekten dieses ältesten Viertels der Stadt (s. S. 84f.). Rob bietet eine ganze Palette von Wanderungen und Spezialarrangements an; unbedingt frühzeitig anmelden (Tel. 624 57 20, Fax 623 23 24). Preise: variieren je nach Tour.

Zu Gast in

Originell eingerichtete Restaurants, verschwiegene Kneipen oder Trendlokale, die Highlights der Kulturszene, die nächtlichen Treffpunkte für HipHopper, Dancing Queens und *gay people*, ungewöhnliche Adressen für den Einkaufsrausch, *typisch Amsterdamse* Unterkünfte, bedeutende und scheinbar unscheinbare Sehenswürdigkeiten ... Die große Extra-Karte

msterdam

ilft bei der problemlosen Orientierung, denn die Gitternetzngaben bei allen Adressen ersparen langes Suchen. Auf die ichtigsten Sehenswürdigkeiten werden Sie in der Karte örmlich mit der Nase gestoßen. Wer jedoch mit Amsterdam us einer ungewöhnlichen Perspektive auf Tuchfühlung ehen möchte, sollte sich von den Extra-Touren leiten lassen.

Hotels

Ungefähr 30 000 Hotelbetten in ca. 300 Amsterdamer Hotels warten momentan auf müde Gäste; die Standards variieren vom Jugend- oder Low-Budget-Hotel-Schlafsaal bis zur Luxussuite. War in den 80er Jahren des 20 Jh. die Zahl der Vier- und Fünf-Sterne-Unterkünfte erheblich gestiegen, sind in den 90ern viele neue oder renovierte Hotels der gemäßigteren Preiskategorie hinzugekommen. Generell gilt aber: Übernachten in Amsterdam ist teuer.

Natürlich sollte man, wie überall, nach Möglichkeit vorher reservieren. Denn auch abgesehen von der absoluten Hochsaison im April/Mai, der Tulpenzeit, kann es für Besucher der kleinsten Weltstadt problematisch werden, ein Zimmer nach Wunsch zu finden.

Beim **Amsterdam Reservation Center** können Sie vorab Ihr Hotelzimmer buchen (Tel. 0031/ 777/00 08 88). Auch das Niederländische Reservierungszentrum **NRC** ist bei Suche, Auswahl und Buchung behilflich:
Pb 404, 2260 AK Leidschendam
Tel. 00 31/70/419 55 33
Fax 00 31/70/419 55 19

Beinahe alle erwähnten Hotels liegen im Zentrum Amsterdams, also hauptsächlich im alten Teil der Stadt, innerhalb des Grachtengürtels oder im Museumsviertel. Sie sind einfach per Tram zu erreichen und oft nur Schritte von wichtigen Sehenswürdigkeiten entfernt. Wer mit dem Auto unterwegs ist, findet Hotels mit (hauseigenen) Parkplätzen (s. auch S. 18).

Alle Hotels sind wegen ihres Ambientes ausgesucht worden und repräsentieren, was Ausstattung, Einrichtung, Stil und Service betrifft, *typisch Amsterdam*. Das kann bedeuten, daß die Zimmer äußerst unterschiedlich ausfallen, eine Treppe bisweilen etwas steil ist und nicht überall Aufzüge zur Verfügung stehen. Dafür können Sie die einzigartige Lage, das prächtige Interieur und vor allem die sprichwörtliche Amsterdamer Gastlichkeit inmitten der Innenstadt genießen. Viele schöne Grachtenhäuser sind im Laufe der Jahre in stimmungsvolle Hotels verzaubert worden, wo Gäste mit individuellem Service verwöhnt werden. Wer träumt nicht davon, morgens die Gardinen zur Seite zu ziehen und auf eine der malerischen Grachten zu blicken? Hotels, die zu internationalen Ketten gehören und damit den diesen eigenen Komfortstandards entsprechen, wurden – soweit möglich – ausgeklammert.

Günstig

Aalders (D 7)
Jan Luykenstraat 13–15, 1071 CJ
Tel. 662 01 16, Fax 673 46 98
Tram 2, 5, 20
EZ 135–155, DZ 140–250 hfl
Gemütliches und komfortables Haus im Museumsviertel, ca. fünf Gehmin. vom Leidseplein entfernt. In der netten Bar neben

Hotels

Günstig	**Doppelzimmer (DZ) 90–250 hfl (40–115 €)** **Einzelzimmer (EZ) 75–180 hfl (35–80 €)**
Moderat	**Doppelzimmer 195–300 hfl (90–135 €)** **Einzelzimmer 135–265 hfl (60–120 €)**
Teuer	**Doppelzimmer 220–455 hfl (100–210 €)** **Einzelzimmer 190–375 hfl (85–170 €)**
Luxus	**Doppelzimmer 455–950 hfl (100–430 €)** **Einzelzimmer 395–950 hfl (180–430 €)**

Die Preise sind, wenn nicht anders vermerkt, inkl. Frühstück angegeben und verstehen sich als Richtpreise für 1999/2000. Weil fast alle aufgeführten Hotels Zimmer mit unterschiedlicher Ausstattung anbieten und die Preise zudem nach Saison und Besetzung schwanken können, sind Abweichungen nach oben oder unten möglich.

dem klassisch eingerichteten Frühstückssaal kann man eine Kleinigkeit essen. Die schlichten, aber gut gepflegten Zimmer verfügen über Bad oder Dusche, WC, Farbfernseher und Telefon.

Acro (D 7)
Jan Luykenstraat 44, 1071 CR
Tel. 662 55 38, Fax 675 08 11
Tram 2, 5, 20
EZ 125–155, DZ 150–205 hfl
Im Museumsviertel, dicht am Vondelpark gelegenes modernes Hotel der Touristenklasse. Die nicht allzu geräumigen Zimmer sind sauber und gepflegt. Hervorragend shoppen kann man gleich um die Ecke in der angesagten P. C. Hooftstraat.

Arena (J 6)
's Gravesandestraat 51, 1092 AA
Tel. 694 74 44, Fax 663 26 49
Tram 7, Metro: Weesperstraat
keine EZ, DZ 100/125 hfl
Amsterdams größtes Low-Budget-(Jugend-)Hotel ist in einem ehemaligen Kloster mit schönem Garten nah am Oosterpark gelegen. Café, Restaurant, Parkplatz, Radverleih, Infozentrum sowie das große Veranstaltungsangebot machen das Arena zum Treffpunkt für Jugendliche und Touristen aus aller Welt. Zimmer für 2, 3, 4, 6 oder 8 Personen mit Dusche und WC. Das ganze Jahr geöffnet.

Bonaire (E 4)
Raadhuisstraat 51–53, 1016 DD
Tel. 620 15 50, Fax 428 15 07
Tram 13, 17, 20
EZ 70–100, DZ 125–170 hfl
Low-Budget-Haus, das der Eigentümer aus Bonaire ganz und gar in Blau-Weiß, mit karibischen Bildern und Farbakzenten gestaltet hat. Die kleinen, spartanisch eingerichteten Zimmer sind mit Dusche und WC ausgestattet. Die zur Straße und zur Keizersgracht hin gelegenen Räume bieten eine großartige Aussicht auf die Westerkerk, sind allerdings wegen der im 10-Minuten-Rhythmus vorbeiratternden Straßenbahn recht laut (bei der Reservierung beachten). Im kleinen Frühstückssaal des Hotels können Sie ›selbstbedienungsfrühstücken‹ (nicht inkl.). Oder aber Sie probieren eines der in Fußnähe gelegenen Cafés aus. (Es stehen auch 3–5-Bettzimmer zur Verfügung.)

Hotels

Im Hotel De Filosoof fühlen sich nicht nur Schöngeister wohl

De Filosoof (C 6/7)
Anna van de Vondelstraat 4–6
1054 GZ
Tel. 683 30 13, Fax 685 37 50
Tram 1, 6
EZ 135–175, DZ 155–195 hfl
Ein Hotel für Denker: Die friesische Philosophin Ida Jongsma betreibt seit Jahren diese ganz besondere Adresse, nur wenige Meter vom Vondelpark entfernt. Die Aufenthaltsräume sind mit einer reichhaltigen Bibliothek ausgestattet. Es finden nicht nur regelmäßig Philosophen-Dinner und -abende statt; jedes Zimmer ist nach einem anderen philosophischen Grundgedanken eingerichtet. Versuchen Sie es doch mal mit dem Goethe-Zimmer!

Hegra (E 4)
Herengracht 269, 1016 BJ
Tel. 623 78 77, Fax 623 81 59
Tram 1, 2, 5, 20
EZ 75–95, DZ 110–165 hfl
Wer in diesem einfachen und winzigen, gerade einmal elf Zimmer zählenden Hotel direkt an der Gracht absteigt, hat das (reizvolle) Gefühl, bei Onkel und Tante auf Besuch zu sein. Der Frühstücksraum ist ein einladendes Eßzimmer – und am allerschönsten sind natürlich die Zimmer mit Grachtenblick.

Lancaster (H 5)
Plantage Middenlaan 48
1018 DH
Tel. 535 68 88, Fax 535 68 86
Tram 7, 9, 14
EZ 150–180, DZ 200–250 hfl
Das weiße, klassizistische Gebäude befindet sich in ruhiger, grüner Umgebung dem Tierpark Artis gegenüber. Also – nicht erschrecken, wenn Sie morgens von Elefantentrompeten geweckt werden. Dieses komfortable Hotel der Touristenklasse besitzt 88 Zimmer, eine Bar, ein Restaurant und Aufzüge.

Sunhead of 1617 (E 4)
Herengracht 152, 1016 BN
Tel. 626 18 09, Fax 626 18 23
Tram 1, 2, 5, 13, 17
EZ 165, DZ 175–195
Mit asiatischer Gastfreundschaft führt der von den Philippinen stammende Carlos dieses prachtvolle Bed-&-Breakfast-Haus. Versuchen Sie, ein Zimmer nach vorne heraus zu bekommen und verwöhnen Sie Ihre Augen mit dem Blick auf die prachtvolle Herengracht. Das reichhaltige Frühstück wird zur gewünschten Zeit auf dem Zimmer serviert. Alle Räume haben Kaffee-/Teemaschine, Mikrowelle, Farbfernseher und Video. Schwulenfreundliches Haus.

Hotels

Moderat

Amsterdam Wiechmann (D 5)
Prinsengracht 328, 1016 HX
Tel. 626 33 21, Fax 626 89 62
Tram 1, 2, 5
EZ 135–150, DZ 250 hfl
Dieses charmante Hotel in Familienbesitz besteht aus drei nebeneinanderliegenden Grachtenhäusern, in denen zeitgemäßer Komfort inmitten zahlreicher Kuriositäten und Antiquitäten vorherrscht. Lobby und Bar sind besonders üppig ausgestattet. Nehmen Sie sich viel Zeit für das Frühstück: Der original 50er-Jahre-Frühstückssaal liegt an der Ecke zweier Grachten, und das Grachten-, Brücken- und Straßenleben wird einem hier quasi auf dem silbernen Tablett serviert.

Avenue (F 3)
Nieuwezijds Voorburgwal 27
1012 RD
Tel. 623 83 07, Fax 638 39 46
Tram 2, 5, 13, 17, 20
EZ 145–195, DZ 195–275 hfl
Gerade mal zwei Min. von der Centraal Station entfernt, liegt das Avenue. 50 behagliche Zimmer, Bar und Speisesaal erwarten die Gäste. (Achtung: Das Haus wird in der Wintersaison 98/99 teilweise renoviert.) Die Lage des Hotels könnte zentraler nicht sein: ein perfekter Ausgangspunkt für Stadt- oder Kneipenbummel. Außerdem praktisch: In unmittelbarer Nähe befindet sich eine Tiefgarage.

Canal House (E 3)
Keizersgracht 148, 1015 CX
Tel. 622 51 82, Fax 624 13 17
Tram 2, 5, 13, 17, 20
EZ 225–280, DZ 235–280 hfl
Ein Spitzenreiter unter den Grachtenhaushotels. Das mit viel Sinn für Kunst und Antikes ausgestattete Haus wird von einem freundlichen amerikanischen Ehepaar geleitet. Die Einrichtung der Zimmer ist eine echte Augenweide,

Dominieren das Amsterdam Wiechmann sonst überwiegend klassische Antiquitäten, besticht der Frühstückssaal durch seine Fifties-Atmosphäre

Hotels

Im Bar-Café des American Hotel treffen seit jeher Frühstücksgäste und Künstler aufeinander

ebenso wie der Ausblick auf die schattenreichen Hinterhofgärten und die Gracht. Apropos Schattenseiten: Um die hier herrschende Ruhe zu bewahren, sind Kinder nicht allzu gern gesehene Gäste.

Eden Best Western (F 5)
Amstel 144, 1017 AE
Tel. 530 78 88, Fax 623 32 67
Tram 4, 9, 20
EZ 225, DZ 300 hfl
Das sehr zentral beim Rembrandtplein gelegene Eden ist ein begehrtes Hotel. Einige der Zimmer sind von Studenten der Kunstakademie phantasievoll gestaltet, so wartet in einem der Räume ein Souvenir auf jeden Gast. Doch sollte man als Dankeschön auch eines zurücklassen.

Owl (D 6)
Roemer Visscherstraat 1, 1054 EV
Tel. 618 94 84, Fax 618 94 41
Tram 1, 2, 5
EZ 125–155, DZ 135–205 hfl

Familie Kos-Brals sorgt hier zwischen Leidseplein und Vondelpark schon seit Jahren für freundliche Atmosphäre. Zwar sind einige der 34 Zimmer etwas klein, doch immer komfortabel. Die sympathischen Details, z. B. frische Blumen überall, lassen spüren, daß das Haus mit Liebe geführt wird.

Singel (F 3)
Singel 13–17, 1012 VC
Tel. 626 31 08, Fax 620 37 77
Tram 2, 5, 13, 17, 20
EZ 145–195, DZ 195–275 hfl
Im Schutz der gewaltigen Koepelkerk mitten im Kuppelviertel liegt dieses kleine Hotel, das aus mehreren Gebäuden besteht. Keines der freundlich und behaglich eingerichteten Zimmer gleicht dem anderen, und man hat das Gefühl, an einem einzigartigen Ort zu sein.

Toro (B 8)
Koningslaan 64, 1075 AG
Tel. 673 72 23, Fax 675 00 31
Tram 2
EZ 160–200, DZ 250 hfl
Englische Landhausatmosphäre empfängt den Gast im geschmackvoll mit Antiquitäten eingerichteten Toro. Dieser Hort der Ruhe am Vondelpark ist ideal für die, die Entspannung suchen. Einige Zimmer haben Balkone zur Parkseite, und vom Speisesaal bietet sich jedem der Blick ins Grüne. Ein 15minütiger Spaziergang durch die Parkanlagen oder eine kurze Tramfahrt trennen vom pulsierenden Leben im Zentrum. Hauseigene Parkplätze.

Teuer

Ambassade (E 5)
Herengracht 341, 1016 AZ
Tel. 626 23 33, Fax 624 53 21

Hotels

Die Architektur des American Hotel wurde richtungsweisend für die Anhänger der Amsterdamer Schule

Tram 1, 2, 5, 20
EZ 260–270, DZ 325–335 hfl
Durch den aus zehn Grachtenhäusern bestehenden Hotelkomplex an der gediegenen Herengracht weht noch immer ein Hauch von Macht und Wohlstand des Goldenen Jahrhunderts. Ein Tip für diejenigen, die Eleganz in persönlicher Atmosphäre schätzen, auf pompöses Gehabe aber keinen Wert legen. Schon der Tagesbeginn im Frühstückssaal ist ein Fest. Die zahllosen in nächster Nähe liegenden Restaurants machen den Umstand wieder wett, daß es kein Hotelrestaurant gibt. Die schönsten Zimmer in den obersten Etagen haben imposante Dachkonstruktionen. Und nicht zu vergessen: Alle Zimmer haben zur Vorderseite einen atemberaubenden Grachtenblick.

American (D 6)
Leidsekade 97, 1017 PN
Tel. 624 53 22, Fax 625 32 36
Tram 1, 2, 5, 20
EZ 250–375, DZ 395–650 hfl

Das ideal am Leidseplein gelegene Art-deco-Haus zählt seit Jahr und Tag zu den absoluten Top ten der Amsterdamer Nobelhotels. Das Frühstück nimmt man im edlen Café Americain (s. S. 42) ein, das mindestens genauso bekannt ist wie das Hotel selbst. Nicht nur die wirklich beeindruckende Jugendstileinrichtung ist einen zweiten Blick wert, auch die Besucher der Bar: Noch immer treffen sich hier bevorzugt Künstler.

Jan Luyken (D 7)
Jan Luykenstraat 58, 1071 CS
Tel. 573 07 30, Fax 676 38 41
Tram 2, 3, 5, 12, 20
EZ 300, DZ 340–455 hfl
Die drei eleganten Herrenhäuser aus dem 19. Jh. liegen mitten im beschaulichen Museumsviertel. Sie sind nur einen Steinwurf entfernt von den eleganten Einkaufsstraßen, dem bunten Leidseplein und natürlich den großen Museen. In der pfirsichfarbenen Lounge werden an der Bar auch kleine Snacks serviert. Sie können

Hotels

Ruhe vor dem Sturm: Köche des Amstel Inter Continental

sich einen Parkplatz reservieren lassen.

Lairesse (D 8)
De Lairessestraat 7, 1071 NR
Tel. 671 95 96, Fax 671 17 56
Tram 5, 16
EZ 190–270, DZ 220–310 hfl
Genau gegenüber vom Haupteingang des Concertgebouw residiert man im Lairesse, umgeben von Kunst und Kultur. Rijksmuseum, Stedelijk, Van Gogh Museum – alle liegen sie in Rufweite. Die 34 luxuriösen Zimmer sind äußerst geräumig und haben extra-lange Betten (2,10 m). Im lichtdurchfluteten Speisesaal mit Blick auf den Japanischen Garten läßt sich der Tag aufs angenehmste beginnen.

Luxus

Amstel Inter Continental (G 7)
Prof. Tulpplein 1, 1018 GX
Tel. 622 60 60, Fax 622 58 08
Tram 6, 7, 10
EZ 850–950, DZ 850–950 hfl
Die unumstrittene Königin der Amsterdamer Hotels ist seit mehr als 100 Jahren bevorzugter Aufenthaltsort von alten, jungen oder neuen Reichen, die sich hier gern nach allen Regeln der Gastlichkeit verwöhnen lassen. Kenner buchen ein Zimmer mit Amstel-Blick, und wem das noch immer nicht genügt, sollte es einfach mit einer Luxus-, Penthouse oder sogar der Royal Suite probieren. Arabische Scheichs und Popstars samt Gefolge haben das schließlich auch schon getan. Auf Flußhöhe liegt der Healthclub mit Swimmingpool sowie das legendäre Restaurant La Rive, wo Top-Koch Robert Kranenburg seinen Kochlöffel schwingt.

The Grand (F 4)
Oudezijds Voorburgwal 197
1012 EX
Tel. 555 31 11, Fax 555 32 22
Tram 4, 9, 16, 24, 25
EZ 690, DZ 795 hfl
Seit 1992 bietet The Grand seinen Gästen in einem Admiralitätsgebäude von 1661 angenehmsten Unterschlupf. Im Mittelalter stand an dieser Stelle ein Kloster, und später wurden hier königliche Gäste empfangen. Zuletzt fungierten die Gebäude als Rathaus. Die 182 Zimmer und Suiten des heutigen Luxus-Hotels, viele in englischem Landhausstil, ziehen u. a. weltberühmte Stars an.

Krasnapolsky (F 4)
Dam 9, 1012 JS
Tel. 554 91 11, Fax 622 86 07
Tram 4, 9, 16, 20, 24, 25
EZ 545–585, DZ 620–660 hfl,
Suite 1300 hfl
Gegenüber vom Koninklijk Paleis erhebt sich monumental das 1866

Hotels

erbaute ›Kras‹. Den weltweiten Ruf verdankt es vor allem seinen vielen exquisiten Restaurants; im Wintergarten von 1880, der sich mitten im Hotel befindet, hat fast jeder Amsterdamer einmal ein Frühstücks- oder Lunchbuffet genossen. Auch die Brasserie Reflet atmet noch das Flair des 19. Jh. Viele (nicht nur) japanische Gäste lassen sich in den beiden japanischen Restaurants verwöhnen.

Pulitzer (D 4)
Prinsengracht 315–331, 1016 HX
Tel. 523 52 35, Fax 627 67 53
Tram 13, 14, 17, 20
EZ 425–620, DZ 490–705 hfl
Aus nicht weniger als insgesamt 24 Grachtenhäusern setzt sich das einzigartige Hotel Pulitzer zusammen; nichts ist hier Standard, alles ist anders. Das prächtige Restaurant, eine ehemalige Apotheke mit Original-Interieur, verwöhnt Augen und Gaumen, und im nicht minder schönen Hinterhofgarten läßt sich's nach einem kräftezehrenden Tag in der Stadt herrlich entspannen.

Appartements

Amsterdam House
Appartements und Hausboote
Amstel 176 A, 1017 AE
Tel. 626 25 77, Fax 626 29 87
Appartement ab 175 hfl,
Hausboote ab 225 hfl
Wilhelmina Visser vermietet mehr als 30 geräumige Appartements und zehn Hausboote mit elegant ausgestatteten Zimmern, komplett eingerichteter Küche und Badezimmer – auch langfristig. Beinahe alle liegen im Innenstadtbereich. Fax, Anrufbeantworter und Photokopierer können zur Verfügung gestellt werden.

Jugendherbergen

International Youth Hostels
Kloveniersburgwal 97,
1011 KB (F 5)
Tel. 624 68 32, Fax 639 10 35
Nur Schlafsaalbetten.
Tram 4, 9, 16, 24, 25
1998 renovierte Jugendherberge mit Restaurant und Grand Café im Haus.
Zandpad 5 (Vondelpark),
1054 GA (D 6)
Tel. 589 89 99, Fax 589 89 55
Tram 2, 3, 5, 12
Unterkunft ab 27 hfl (für Mitglieder), sonst ab 38 hfl inkl. Frühstück; EZ ab 70, DZ ab 90 hfl
Beide Jugendherbergen sind in schönen Gebäuden untergebracht. Am Kloveniersburgwal ist man flugs am Dam oder Rembrandtplein, im Vondelpark wohnt man dafür – trotz Leidseplein-Nähe – in Ruhe im Grünen.

Camping

Amsterdamse Bos (südwestlich A 8)
Kleine Noorddijk 1
1432 CC Aalsmeer
Tel. 641 68 68, Fax 640 23 78
Geöffnet: 1.4.–31.10.
Bus 171
Ab 8,50 (Erw), ab 5,50 hfl pro Zelt
Dieser Familien- und Jugendcampingplatz liegt im größten Erholungsgebiet der Stadt, das in den 30er Jahren angelegt wurde. Die 800 ha große Fläche umfaßt Wälder, Wiesen, Seen und Kanäle mit mehreren umzäunten Gebieten, in denen geschützte Tiere wie z. B. der europäische Bison leben. Jeden Sommer öffnet ein starkbesuchtes Freilichttheater seine Tore. Ausgesprochen kinderfreundlich.

Essen & Trinken

Holland genießt auf kulinarischem Gebiet zwar nicht das hohe Ansehen Frankreichs oder Italiens, doch lassen sich in Amsterdam mühelos Restaurants aller Kategorien finden, die außerordentliche Gaumenfreuden auftischen. Der Amsterdamer selbst speist sehr gerne auswärts. Essen zu gehen ist hier eine in erster Linie gesellige und informelle Angelegenheit. Am liebsten lassen sich die Hauptstädter in den kleineren, besonders originell oder trendy eingerichteten Lokalen verwöhnen. Viele dieser In-Restaurants liegen innerhalb des Grachtengürtels, im Jordaan oder im Museumsviertel.

Es ist kein billiger Spaß, in Holland auswärts essen zu gehen. Die Preiskategorie ›zwischen 10 und 15 DM‹ existiert hier kaum. Das günstigste Angebot ist stets die *dagschotel*, das Tagesgericht.

Die **traditionell holländische Küche** ist sehr nahrhaft: Kartoffeln, Fleisch und Gemüse bilden noch immer die Basis fast jeder Mahlzeit, ob separat zubereitet oder vermengt in kräftigen Suppen und Eintöpfen. Im Lauf der Zeit fanden jedoch viele Eigenheiten der französischen Cuisine Eingang in die holländische Küche oder wurden leicht verändert auf einheimische Speisen angewendet, so bei Texelaer Lammfleisch oder Limburger Spargel.

Die vielen Amsterdamer ausländischer Herkunft – mehr als 140 verschiedene Nationalitäten haben hier ihre Heimat – verhalfen der Stadt zu einer **weltoffenen und weltweiten Küche**, wobei die **indonesische Küche** in den Niederlanden eine ganz besondere Stellung einnimmt. Aufgrund der langen historischen Verbundenheit – Indonesien war bis 1947 niederländische Kolonie – prägen zahlreiche indonesische Restaurants das Straßenbild Amsterdams. Puristen schwören auf die nuancenreiche, charakteri-

Essen & Trinken

stisch indonesische Schärfe; chinesische Reisgerichte sind meist etwas milder im Geschmack. **Achtung:** Die Indonesische Küche kann auf holländisch sowohl *indonesische* als auch *indische keuken* heißen, während man *indiaas* ißt, wenn man zum Inder geht.

Die stetig wachsende Klientel der **Vegetarier** wird auch in Amsterdam immer besser bedient. Nicht nur die zahlreichen vegetarischen Restaurants, sondern auch die Mehrzahl der ›konventionellen‹ Lokale bieten vollständige vegetarische Gerichte an – welke Salatblätter und öde Sättigungsbeilagen sind längst passé.

Immer mehr Café-Betreiber sind dazu übergegangen, neben Kaffee und Kuchen auch kleine Mahlzeiten zu servieren. Offiziell dürfen sie sich nicht Restaurant nennen, aber dem Besucher kann das vollkommen egal sein. Im **Eetcafé** kann, eben wie im Restaurant, in entspannter Atmosphäre gegessen und getrunken werden – nur daß die Angebotspalette nicht ganz so groß ausfällt. Meist gibt es auch ein täglich wechselndes Gericht. Gemütlich, bezahlbar und großzügig – so könnte man die Eetcafés charakterisieren.

Lunchtime ist von 12–14 Uhr, **Dinnertime** ab 18 Uhr, die Küche

Hochbetrieb herrscht auf den Café-Terrassen nicht nur im Sommer, sobald sich ein Sonnenstrahl gen Erde stiehlt, geht der Trubel los

Essen & Trinken

Kulinarische Alltäglichkeiten

appelgebak met slagroom	Apfelkuchen m. Schlagsahne
asperges	Spargel
belegde broodjes	Sandwiches
erwtensoep	Erbsensuppe
frikadel	würzige Wurstrolle
gehaktbal	Frikadelle
hutspot	Kartoffelbrei m. Gemüse
jenever	Wacholderschnaps
karbonade	Kotelett
kip	Huhn
koffie verkeerd	Milchkaffee
kopstoot	Bier mit Jenever
mosselen	Muscheln
oliebollen	frit. Krapfen
pannekoeken (met stroop)	Pfannkuchen (mit Sirup)
patatje speciaal	Pommes mit Mayo, Ketchup und Zwiebeln
pilsje	Bier
saté	Erdnußsoße
Spa rood	Mineralwasser m. Kohlensäure
Spa blauw	stilles Wasser
stamppot	Eintopfgerichte
uitsmijter	Strammer Max
witbier	Weizen
zuurkool	Sauerkraut

meistens nur bis 22/23 Uhr geöffnet. Doch für den späten Hunger gibt es etliche Nachtrestaurants (s. S. 41). Ein Tip für hungrige Ausländer: Die **Hauptmahlzeit** der Holländer ist das abendliche Dinner, mittags nimmt man in der Regel nur einen kleinen Imbiß zu sich. Teure Restaurants bieten allerdings oft auch Lunchmenüs an.

Schnelle Häppchen

Belegte Brötchen sind die meistgeliebten **tussendoortjes**, ›Zwischendurchleins‹ also. Vom alten Gouda über Mozzarella, von Lachssalat bis hin zum knackigen Grün mit Ei und Tomaten variieren die möglichen Beläge. Die Adresse für **belegde broodjes** schlechthin ist Dobben's Eetsalon, Korte Reguliersdwarsstr. 5. »Broodje van Dobben« ist ein stehender Begriff, den jeder Amsterdamer kennt.

Wer etwas Herzhafteres möchte, sollte die kleinen holländischen Fischstände am Straßenrand keinesfalls links liegenlassen. Ein Garnelenbrötchen oder ein **hollandse nieuwe** (frischer, roher Hering) stillt den Hunger, vielleicht kombiniert mit einer riesigen sauren Gurke, einer **zure bom**. Auch exotischere Gelüste werden befriedigt: mit Kebab, Falafel (s. S. 40) oder Loempias (Frühlingsrollen).

Um wirklich satt zu werden, empfiehlt sich eine Portion **vlaamse frites** oder **patat**, wie Pommes hier heißen. Die frischgeschnittenen fritierten Kartoffelstäbchen mit den in Deutschland leider üblichen, gefriergetrockneten Industriefritten zu vergleichen, wäre eine grobe Beleidigung. Mit der Formel **patatje met** werden Pommes Mayo geordert, bei **patatje oorlog** werden Pommes und Zwiebeln in Mayonnaise und Satésoße getränkt – eine Kalorienbombe sondergleichen. Gute Vlaamse Frites bekommt man z. B. in der Reguliersbreestraat an der Ecke zum Halvemaansteeg. Hier ist ebenfalls eine der berühmtberüchtigten FEBO-Filialen zu finden, wo man Kroketten, **kaassoufflé**, Hamburger und ähnliches einfach aus dem Automaten zieht.

Wer so gegen fünf Uhr nachmittags ein **borreltje**, einen

Essen & Trinken

Schnaps, in einem der *bruine cafés* zu sich nehmen will – und nicht wenige Amsterdamer wollen das –, sollte unbedingt eine **borrelgarnituur** bestellen. Zu einem Stückchen Gouda bekommt man dann unverfälschte Amsterdamer Ochsenwurst und **bitterballen** (panierte, fritierte Ragoutbällchen).

Eetcafés

Aas van Bokalen (E 5)
Keizersgracht 335
Tel. 623 09 17
Tgl. 16–1, Küche 16.30–22 Uhr
Tram 1, 2, 5
Tagesgerichte ab 15 hfl. Gerade weil es nicht allzu groß ist, fühlt man sich hier so besonders wohl. Eine freundliche Bedienung und die lockere Atmosphäre sorgen für gute Stimmung. Man ißt, trinkt, spielt eine Runde Karten oder Dame und liest, kurzum: Jeder läßt es sich gutgehen.

Duende (E 2)
Lindengracht 62
Tel. 420 66 92
Tgl. 16–23, Bar –2 Uhr geöffnet
Tram 10
Nicht nur (ausgesprochen leckere) Tapas gibt es in diesem manchmal übervollen lebendigen Jordaan-Café, auch umfangreichere Portionen und Gerichte zeigen die iberische Küche in ihrer besten Form. Sa, So Live-Musik.

De Engelbewaarder (F 5)
Kloveniersburgwal 59
Tel. 625 37 72
Mo Do 12–1, Fr, Sa –3, So 14–1, Küche 12–15, 17.30–22 Uhr
Tram 4, 9, 25
Jamsessions am Sonntagnachmittag, heimelige Atmosphäre im Inneren des Literaturcafés, die Terrasse direkt auf dem Wasser und eine gute Küche zu vernünftigen Preisen (auch Vegetarisches) – das sind die Komponenten für den großen Erfolg dieses Eetcafés.

Moderne Zeiten: Tischgespräche und -manieren sind hier überflüssig – trotzdem haben die FEBO-Shops für viele das gewisse Etwas

Essen & Trinken

De Prins (E 3)
Prinsengracht 124
Tel. 624 93 82, tgl. 10–22 Uhr
Tram 13, 14, 17
Tagesgerichte 19,50–28 hfl. Nahe der Westerkerk gelegenes Café mit bunt gemischtem Publikum. Von klassischen Klängen begleitet schmausen Sie hier ohne Hast.

Gut & günstig

Brasserie Toomeloos (D 6)
Overtoom 72–74
Tel. 618 99 01
So–Do 11.30–1, Fr, Sa –2 Uhr
Tram 1, 6
Außer der regulären Speisekarte gibt's Spezialitäten ab 22,50 hfl; guter spanischer oder auch chinesischer Wein. Die Brasserie besticht durch ihre schöne Glasveranda und den Lesetisch. Hier kann man in aller Ruhe bei einer Tasse Kaffee mit hausgemachtem Apfelkuchen in der Weltpresse schmökern und sehr gut essen.

The Pancake Bakery (E 3)
Prinsengracht 191
Tel. 625 13 33, tgl. 12–22 Uhr
Tram 13, 14, 17
In diesem historischen Lagerhaus bei der Westerkerk kostet das teuerste ›Stück‹, der internationale *superpannekoek,* 18,95 hfl. Seit über 20 Jahren ist hier eines der bekanntesten Pfannkuchenhäuser Amsterdams ansässig. Die Rezeptur ist wohl der Grund für den anhaltenden Erfolg: Sie datiert aus dem 17. Jh. Über 70 Pfannkuchenkreationen stehen zur Auswahl; mit Speck, Käse, Apfel, Shoarma, Chili oder gebackener Banane – alles ist erlaubt.

La Place (F 5)
Kalverstraat 201/Rokin 160
Tel. 620 23 64, Mo–Sa 10–21, Do 10–22, So 12–21 Uhr
Tram 4, 9, 16, 24, 25
In diesem Grand-Café-Komplex, der zum Warenhaus V & D gehört und so ganz anders ist als ein Karstadt- oder Horten-Restaurant, bekommt man für weniger als 25 hfl z. B. ein Menü mit frischem Lachs. Seit der Eröffnung ist das La Place zu einem der meistbesuchten Speiselokale der Stadt geworden. In mehreren historischen Bauten an der geschäftigen Kalverstraat und am weitläufigeren Rokin kann man seine Mahlzeit selber zusammenstellen, die reichhaltig ausgestatteten Buffet-Theken befinden sich in einem Atrium. Von der shoppenden Landbevölkerung über Touristen bis hin zur hippen Szene kehrt hier jeder ein. Auch Nichtraucher-Bereiche.

Smulewicz (F 5)
Bakkersstraat 12
Tel. 620 28 22, tgl. 17.30–23 Uhr
Tram 4, 9, 14
Tagesgerichte 19,50, Hauptgerichte –25 hfl. Ein bei den Anwohnern über die Maßen beliebtes Restaurant zwischen Rembrandtplein und Amstel. Im Sommer kann man abseits des überfüllten Rembrandtplein gemütlich unter Bäumen essen. Man sollte allerdings reservieren oder früh kommen. Die internationale Küche variiert zwischen holländischen, mediterranen und fernöstlichen Genüssen; zu empfehlen sind etwa Lammbeefsteak mit Tomatenbutter oder Kreolische Erdnußsuppe.

Mittlere Preisklasse

Belgisch Restaurant Lieve (E 3)
Herengracht 88

Essen & Trinken

Pannekoek met stroop, **Pfannkuchen mit Sirup: einfach, lecker und mehr als einen Versuch wert**

Tel. 624 96 35, tgl. 17.30–22 Uhr
Tram 1, 2, 5, 13, 17
3-Gänge-Menü für 46,50 hfl. Seit Jahr und Tag regiert Jan Burgmans diese belgische Enklave und versorgt seine Gäste – ›Grachtengürtler‹ und Touristen – mit landestypischen Leckereien wie Nordseekrabbensuppe, pochiertem Seewolf nach Brügger Art oder Brüsseler Waffeln. Neben einer großen Auswahl belgischer Biere gehören auch Biercocktails zum üppigen Angebot.

Humphrey's (F 3)
Nieuwezijds Kolk 23
Tel. 422 12 34
Tgl. 17.30–22.30 Uhr
Tram 1, 2, 5, 13, 17
3-Gänge-Menü 32,50 hfl. Die Karte wechselt monatlich. Am Nieuwezijds Kolk, einem vor nicht allzu langer Zeit durchsanierten Straßenzug zwischen Nieuwendijk und Nieuwezijds Voorburgwal, verwöhnt das großzügig dimensionierte Restaurant seine Gäste im Casablanca-Ambiente mit exquisiten Dinners bei Kerzenschein. Das gute Preis-Leistungs-Verhältnis, äußerst zuvorkommender Service und die gemütliche Atmosphäre haben es binnen kurzem bei Amsterdamern wie Besuchern sehr beliebt gemacht.

Intermezzo (E 3)
Herenstraat 28
Tel. 626 01 67
Di–Sa 18–22.30 Uhr
Tram 1, 2, 5, 13, 17
3-Gänge-Menü ab 49,50 hfl. Seit 1995 bekochen Felix und Mariette ihre Gäste in diesem kleinen Restaurant in einer der schmalen Seitengassen zwischen Heren- und Keizersgracht. Felix hat die hohe Kunst des Kochens im De Zwaan in Oisterwijk erlernt, das bei niederländischen Gourmets einen ausgezeichneten Ruf hat. Der schmale Raum vermittelt mediterranes Lebensgefühl; im Sommer lockt die Terrasse. Felix, der Chefkoch schmeckt die internationale Küche

Essen & Trinken

mit einer Prise Mittelmeer ab, so beim in Olivenöl gebackenen Seebarsch in Lavendelsoße.

Movies Wild Kitchen (E 2)
Haarlemmerdijk 159
Tel. 626 70 69
Tgl. 17.30–22.30 Uhr
Tram 3
Tagesgericht 25, 3-Gänge-Filmmenü 47,50 hfl (Mo–Do inkl. Filmkarte). Im The Movies, dem alten Programmkino (s. S. 62) dicht am Haarlemmerpoort, sorgt das Artdeco-Restaurant für das leibliche Wohl: Wer wohlig satt ins Reich der Bilder abtauchen möchte, sollte sich zuvor am Filmmenü (s. o.) gütlich tun. Die Karte bietet unterschiedlichste Genüsse aus aller Welt, ganz nach Art der *Cuisine Sauvage*.

Sluizer (F 6)
Utrechtsestraat 43 und 45
Tel. 638 90 02
Mo–Do 12–14.30 und 17–23, Fr, Sa, So nur 17–24 Uhr
Tram 4
3-Gänge-Menü ab 25 hfl. Bis Mitternacht wird hier, zwischen Rembrandtplein und Carré, Kulinarisches serviert. Die zwei Lokale – Nr. 45 ist ein Fischrestaurant – zählen zu den bestbesuchten Amsterdams. Das dunkelbraune Interieur wird durch farbenfrohe Kunstwerke aufgelockert. Von der auf der Rückseite gelegenen Terrasse blickt man auf grüne Innenhöfe. Alle zwei Monate wechselt die Auswahl der internationalen Fisch- oder Fleischspezialitäten. Ein Tip für diejenigen, die gerne spät essen und sich in etwas hektischer Großstadtatmosphäre wohlfühlen.

La Strada (F 3)
Nieuwezijds Voorburgwal 93
Tel. 625 02 76
Tgl. 16–1, Brunch (*à la carte*, kein Buffet) Fr, Sa, So 12–16 Uhr
Tram 1, 2, 5, 13, 17
Vorspeisen ab 6,50, Pasta ab 12,50, Tagesmenü 18,50 hfl. Schwulenfreundliches Trend-Café, locker und gemütlich. Gut besuchte Terrasse mit Ausblick auf den quirligen NZ Voorburgwal. Ausgesprochen leckere *appeltaart* mit Zimt und Butter, garniert mit Minze und Schlagsahne, eine Riesenportion.

Klassiker

Dorrius (F 3)
Nieuwezijds Voorburgwal 5
Tel. 420 22 24, tgl. 17.30–23 Uhr
Tram 1, 2, 5, 13, 17
Menüs 47,50–75 hfl. In traditionsreicher, von alt-holländischem Interieur geprägter Umgebung ist das Dorrius eines der wenigen gehobeneren Restaurants mit dem Schwerpunkt auf holländischer Küche. Die leckeren Eintopfgerichte, zeeländische Austern, Käsesoufflé oder Kichererbsen werden nach traditionellen Rezepten zubereitet.

Kort (F 6)
Amstelveld 12
Tel. 626 11 99
Mi–Mo 12–22 Uhr, Di geschl.
Tram 4
Der Einstieg in die variantenreiche Palette französisch-niederländischer Kochkunst des Kort beginnt bei 49,50 hfl. Innerhalb weniger Jahre hat es sich in kulinarische Höhen emporgekocht. In einem Teil der hölzernen Amstelkerk sind Café wie Restaurant modern, doch stilvoll eingerichtet und in warme Töne getaucht. Lassen es die Temperaturen zu, kann man auch vor der Tür auf dem ruhigen,

Essen & Trinken

Ein belgischer Architekt durfte sich im Traditionsrestaurant De Prinsenkelder ›austoben‹. Das Ergebnis läßt sich sehen

von Bäumen umsäumten Amstelveld speisen.

Lucius (E 4)
Spuistraat 247
Tel. 624 18 31
Tgl. 17–24 Uhr
Tram 1, 2, 5
Menü für 52,50 hfl. Besonders unter Fischliebhabern erfreut sich das von George und Marleen Lodewijks geführte Lokal großer Beliebtheit. Austern, Schalen- und Krustentiere und natürlich fangfrischer Fisch zählen zu den Spezialitäten des Hauses, das mit seiner dunkelbraunen, maritimen Gemütlichkeit besticht.

De Prinsenkelder (D 6)
Prinsengracht 438
Tel. 422 27 77
Tgl. 17.30–22.30 Uhr
Tram 1, 2, 5
Menüs ab 57,50 hfl. Der Keller eines ehemaligen Lagerhauses an der Prinsengracht beherbergt seit Ewigkeiten den Prinsenkelder, dem vor ein paar Jahren ein Facelifting spendiert wurde. Im Sommer können Sie sich übrigens vom Wassertaxi zum hauseigenen Bootssteg schippern lassen und dort die internationale Küche genießen.

d' Vijff Vlieghen (E 5)
Spuistraat 294–302
Tel. 624 83 69
Tgl. 17.30–22 Uhr
Tram 1, 2, 5
Die Preise für ein Menü der ›Neuen Niederländischen Küche‹ beginnen bei 62,50 hfl. Der legendäre Kunsthändler, -liebhaber und Restaurantbesitzer Nicolaas Kroese erfüllte sich hier seinen Traum: Er verband fünf nebeneinanderliegende Gebäude miteinander und schuf so Raum für bildende und kulinarische Künste. Seit er 1948 in der New Yorker Society die PR-Trommel rührte, haben unzählige Stars den Weg in dieses einzigartige Restaurant gefunden. Die Geschichte dieses ›kulinarischen Museums‹ geht bis ins Jahr 1627 zurück, als hier eine Taverne entstand. Die acht Räume sind antik möbliert, im Rembrandtzimmer hängen sogar Original-Radierungen des Künstlers. Chefkoch Cramer komponiert seine Werke nur aus frischen, un-

Essen & Trinken

Im Falafelparadies

Wie im siebten Himmel wird sich in Amsterdam der Liebhaber der kleinen Kichererbsenbällchen fühlen. Zahlreiche Imbisse haben Falafel in vielen Varianten und mit zig Beilagen im Angebot. Und das ausgesprochen günstig ... Als der Falafel-Imbiß schlechthin gilt Falafel Dan (E 8), Ferdinand Bolstraat 126, wo man zur Happy hour zwischen 15 und 17 Uhr unbegrenzt Falafel, Salat und Saucen für nur 5 hfl bekommt.

behandelten Erzeugnissen holländischer Herkunft.

Spitzenreiter

Christophe (E 3)
Leliegracht 46
Tel. 625 08 07
Di–Sa 18.30–22.30 Uhr
Tram 1, 2, 5, 13, 17
Preise ab 85 hfl. Als intimes Luxus-Restaurant präsentiert sich Christophe in schnörkelloser Eleganz. Es war einmal ... ein französischer Tellerwäscher namens Jean Christophe, der nach seiner Traumkarriere im Pariser Ritz und im New Yorker Aurora 1987 sein erstes Restaurant in Amsterdam eröffnete – wo nach nur zwei Jahren bereits der erste Michelin-Stern leuchtete. Die erlesene südfranzösische Cuisine wird von einer ebensolchen Weinkarte geschmackvoll abgerundet. Die Sterne auf der exquisiten Speisekarte sind marinierte Entenleber in Jurançon oder in grüner Pfefferkruste gebratenes Lammcarré.

Le Garage (D 8)
Ruysdaelstraat 54–56
Tel. 679 71 76
Mo–Fr 12–14, tgl. 18–24 Uhr
Tram 3, 5, 12, 16
Menü ab 100 hfl. Bei Joop Braakhekke, den Holländern wegen seiner Auftritte als Fernsehkoch ein Begriff, geben sich die Schönen und Reichen die Türklinke in die Hand. TV-Stars, Politiker etc. kommen her, um zu sehen und gesehen zu werden und – nicht zu vergessen – um sich die kreative französische Küche schmecken zu lassen. Reservieren obligatorisch.

't Swarte Schaap (D 6)
Korte Leidsedwarsstraat 24
Tel. 622 30 21, tgl. 12–23 Uhr
Tram 1, 2, 5
Die traditionelle, aber kreative französische Küche des Restaurants hat ihren (stolzen) Preis: Lunchmenü 37,50, 3-Gänge-Lunchmenü 55, 3-Gänge-Dinnermenü 77,50 hfl. Gediegener Luxus in altholländischem Ambiente empfängt die Gäste an der Ecke zum aufgeregt bunten Leidseplein.

Vegetarisch

De Vliegende Schotel (D 3)
Nieuwe Leliestraat 162
Tel. 625 20 41
Tgl. April–Sept. 13–22.15,
sonst 17–22.15 Uhr
Tram 13, 14, 17
Menü des Tages ca. 10 hfl. Nicht weit von der Westerkerk entfernt, im Herzen des Jordaan, gibt es Ve-

Essen & Trinken

getarisches ohne Firlefanz. Äußerst freundliche Bedienung und ebensolche Preise. Sehr gut besucht; möglichst reservieren.

De Vrolijke Abrikoos (F 7)
Weteringschans 76, Tel. 624 46 72
Tgl. 17.30–21.30 Uhr
Tram 6, 7, 10
Hauptgerichte ab 27,50 hfl. Bewußte Genießer kommen in diesem aprikotfarbenen Restaurant voll auf ihre ökologischen Kosten. Die große Auswahl (überwiegend) vegetarischer Delikatessen führt eindrucksvoll vor, wie vollwertig und variantenreich fleischlose Küche sein kann. Im Sommer sitzt man dazu noch schön im Hinterhof. Das Restaurant ist größtenteils Nichtrauchern vorbehalten.

Nachtrestaurants

Bojo (E 6)
Lange Leidsedwarsstraat 51
Tel. 622 74 34
So–Do 12–2, Fr/Sa 12–4,
Mo, Mi erst ab 16 Uhr
Tram 1, 2, 5, 6, 7, 10
Ab 12,50 hfl. Spezialität: Scharfe Nasi-Gerichte. Bei Amsterdamern und Touristen sehr beliebtes indonesisches Nachtrestaurant; authentische Einrichtung, gutes Preis-Leistungsverhältnis. In diesem Lokal trifft sich, wer am Leidseplein unterwegs ist.

Margarita (F 5)
Requliersdwarsstraat 108–114
Tel. 625 72 77, Do–So –4 Uhr
Tram 16, 24, 25
Gerichte 14–30 hfl. Farbenfrohes Restaurant mit buntgemischtem Publikum und lateinamerikanischer Küche mitten im nächtlichen Geschehen. Besonders lecker ist der tropische Fischteller.

Asiatische Küche

Der indonesischen und chinesischen Küche gebührt in Amsterdam besondere Würdigung. Auf dem **Zeedijk** (Metro: Nieuwmarkt), der ›Hauptschlagader‹ des Chinesenviertels, stoßen Sie auf viele kleine chinesische Imbisse. Die Pekingenten im Schaufenster signalisieren, daß Sie richtig sind. Früher kamen ausschließlich Chinesen her, heute lassen es sich hier auch immer mehr *bleekneuzen*, ›Bleichgesichter‹, schmecken. Besonders empfehlenswert sind das **Moi Kong** (Nr. 87), das **Nam Kee** (Nr. 111) und das **Hoi Tin** (Nr. 122).

Indonesische Restaurants sind sehr beliebt, dementsprechend groß ist ihre Zahl (s. S. 32f.).

Indonesia (D 6)
Korte Leidsedwarsstraat 18
Tel. 623 20 35, tgl. 17–23 Uhr
Tram 1, 2, 5, 6, 7, 10
Große Auswahl an Reistafeln, ab 50 hfl. Traditionsadresse für ausgezeichnete indonesische Küche. Vornehm eingerichtetes Restaurant mit ausschließlich indonesischem Personal.

Lotus (G 4)
Binnen Bantammerstraat 5–7
Tel. 624 26 14, tgl. 16–23 Uhr
Metro: Nieuwmarkt
Hauptgerichte ab 22,50 hfl. Spezialität: Tipan Hoi Sin Tjap Kum (42,50 hfl), Fisch und Meeresfrüchte in einer würzigen Sichuan-Soße, sowie die Lotus-Rijsttafel. Ansprechendes, üppig und mit vielen Lampions dekoriertes Traditionsrestaurant in einer eher trostlosen Seitengasse des Nieuwmarkt im Herzen des Chinesenviertels.

Manchurian (D 6)
Leidseplein 10A

Essen & Trinken

***The show must go on* – Gary Christmas allein in seinem Café**

Tel. 623 13 30
Tgl. 17.30–22.45 Uhr
Tram 1, 2, 5, 6, 7, 10
Menüs ab 50 hfl. Die vielen Palmen und Orchideen geben dem Gast das Gefühl, weit weg zu sein, die berühmte kantonische Küche des Chinarestaurants tut ein übriges. Auf der Karte finden sich darüber hinaus Spezialitäten aus ganz Fernost. Sehr gastfreundliche Atmosphäre.

Puri Mas (E 6)
Lange Leidsedwarsstraat 37–41
Tel. 627 76 27
Tgl. 17–23 Uhr
Tram 1, 2, 5
Reistafel ca. 47,50 hfl, Menü 29 hfl. Im Puri Mas, dem ›Goldenen Tempel‹, stehen traditionelle indonesische Mahlzeiten auf dem Speiseplan. Spezialität ist die *rijsttafel* aus der kolonialen Vergangenheit – auch in einer vegetarischen Variante.

Tempo Doeloe (F 6)
Utrechtsestraat 75
Tel. 625 67 18, tgl. 18–23.30 Uhr
Tram 4
Reistafel ab 50 hfl. Intimes, im indonesischen Stil eingerichtetes Restaurant, in dem authentisch, also oft auch sehr scharf, gekocht wird. Doch keine Angst, die aufmerksamen Ober warnen, wenn ein Gericht besonders scharf ist.

Besondere Cafés

Americain (D 6)
Leidseplein
Tgl. 7–1 Uhr
Tram 1, 2, 5, 20
Ein Muß für Architekturliebhaber ist das komplett im Art-deco-Stil gehaltene Grand Café, Teil des American Hotel (s. S. 29) und seit jeher Treffpunkt der Intellektuellenszene Amsterdams, die sich in letzter Zeit mit immer mehr ›normalen‹ Besuchern die gedämpftgediegene Atmosphäre teilt. So Jazzfrühstück (11.30–15 Uhr).

Backstage (F 6)
Utrechtsedwarsstraat 67
Mo–Sa 10–18 Uhr
Tram 4
Nach einer internationalen Entertainment-Karriere ließen sich Greg & Gary, die indianischen Zwillinge aus Boston, in Amsterdam nieder und führten hier fast 20 Jahre lang die weit über die Stadtgrenzen bekannte Café-Boutique Backstage (s. S. 50). Im Frühjahr 1997 starb Greg, doch in dem überwältigend grell dekorierten Lokal *goes the show on*, wie Gary sagt. An ihr haben Yuppies, Anwohner, Touristen und Transvestiten aus aller Welt teil, während sie Kaffee, Shakes und den leckeren hausgemachten *lemoncake* genießen.

Essen & Trinken

De Balie (D 6)
Kleine Gartmanplantsoen 10
Tgl. 11–2 Uhr
Tram 1, 2, 5, 6, 7, 10
Treffpunkt eines jüngeren, kritischen Publikums, das die hier stattfindenden Konzerte, Theatervorstellungen oder Lesungen hinterher gerne im Café diskutiert und kommentiert (s. S. 64).

De Hoek (D 4)
Prinsengracht 343
Mo–Sa 7.30– 16/17 Uhr
Tram 13, 14, 17
Bei Harrie, dem Besitzer, trifft sich die ganze Welt. Die Gäste des nahegelegenen Pulitzer-Hotels genießen vereint mit Bauarbeitern Spiegeleier oder Pfannkuchen. Harrie behandelt jeden Gast gleich zuvorkommend – ein guter Ort, um den Tag zu beginnen.

't Nieuwe Kafé (F 4)
Eggertstraat 8
Tgl. 8.30–18 Uhr
Tram 4, 9, 16, 24, 25
In diesem schönen Lokal in einem Anbau der Nieuwe Kerk läßt sich's herrlich frühstücken. Auf der Terrasse kann man das hektische Treiben auf dem Dam beobachten.

Oininio (F 3)
Prins Hendrikkade 21
Tgl. 9–24, Fr, Sa 9–1 Uhr
Wenige Gehmin. vom Bahnhof
Das Mekka aller New-Age-Bewegten (s. S. 48). Im auf ganzheitliches Harmoniebedürfnis abgestellten, in sanften Erdtönen gehaltenen Ambiente läßt sich biologisch einwandfrei einkaufen, meditieren oder im Grand Café vegetarisch schmausen.

Pompadour (E 5)
Huidenstraat 12
Di–Fr 9.30–18,
Sa 8.30–17.30 Uhr
Tram 1, 2, 5
Ein Rokokotempel, der ganz dem Süßen geweiht ist (s. S. 48f.). In dieser berühmten Chocolaterie genießen Gäste ganz wie Prinzen oder Prinzeßchen des 18. Jh. Kaffee, Kuchen und Schokolade.

Thijssen (E 2)
Brouwersgracht 107
Tgl. 9.30–1 Uhr
Wenige Gehmin. zum Bahnhof
Ein einziges Stück der sündhaft leckeren *appeltaart* ist hier mehr als sättigend. Grund genug, sich im gemütlichen Inneren oder draußen auf der lebendigen Terrasse etwas länger niederzulassen.

Waag-Café (G 4)
Nieuwmarkt
Tgl. 10–22.30 Uhr
Metro: Nieuwmarkt
In der Waag wurde die mittelalterliche Architektur (s. S. 73) so weit wie möglich freigelegt und restauriert. Man wähnt sich im Festsaal einer Burg, vor allem abends, wenn das ganze Gewölbe in Kerzenschein getaucht ist. In der Café-Etage bieten vier Terminals die Möglichkeit, im Internet zu surfen.

»Softdrug's paradise«

Eine erstaunliche Zahl: Amsterdam zählt mehr als 380 Coffeeshops, eine in Holland einmalige Lokalvariante. In (fast allen) Coffeeshops stehen Hasch und Marihuana auf der Speisekarte (s. S. 13).

Shopping

Amsterdam ist ein Einkaufsparadies für Modebewußte jeder Couleur, für Kunst- und Antiquitätenliebhaber ... und für jeden Geldbeutel. Kaum einer, der in der Grachtenstadt nicht fündig würde: Überall in der historischen Innenstadt liegen hübsche kleine Läden (*winkeltjes*) verstreut. Wer nur zum Einkaufen herkommt, hat das Glück, hierbei durch schöne Straßen zu spazieren, in alten Häusern zu stöbern. Vielleicht findet sich in einem Grachtenhaus aus dem 17. Jh. eine schöne Ledertasche oder in einem der alten Lagerhäuser das Porzellan für die gute Stube. Und selbst der ›Einkaufsmuffel‹ wird wahrscheinlich verführt. Denn er muß kein bestimmtes Einkaufsviertel aufsuchen, muß nicht vier, fünf Stunden seiner kostbaren Zeit für den Besuch eines Einkaufsghettos opfern. Und noch etwas Erfreuliches: Amsterdam gehört zu den preiswertesten Städten Europas, wenngleich es in letzter Zeit etwas zugelegt hat.

In den schmalen Straßen des charmanten **Jordaan** findet man die ausgefallensten Lädchen und Boutiquen, viele junge, noch unbekannte holländische Designer, Geschenkboutiquen und Second-Hand-Läden. Im Jordaan sowie im **Spiegelkwartier** (Spiegelstraat/Spiegelgracht) und am **Rokin** schlagen auch die Herzen der Kunst- und Antiquitätenkäufer höher. Ungewöhnliches – vom Kondomladen über das Esoterikkaufhaus bis zum Schaufenster voller Federboas – läßt sich in der **Oude** und der **Nieuwe Hoogstraat** sowie in der quer zu diesen beiden Straßen verlaufenden **St. Antoniesbreestraat** am Rand des Rotlichtviertels finden. Und wer den **Grachtengürtel** entlangschlendert, wird neben Buchhandlungen und Antiquariaten auch hier auf noch manch originelles Geschäft stoßen. Im Zentrum hingegen, vor allem in der **Kalverstraat**, am **Nieuwendijk** und in ihren Querstraßen, herrscht eher eine Atmosphäre, wie sie für die gesichtslosen Fußgängerzonen vieler Städte typisch ist. Elegant und vornehm präsentieren sich die Einkaufsstraßen des Museumkwartier – **P. C. Hooftstraat und Van Baerlestraat** – sowie die etwas südlicher gelegene **Beethovenstraat**: mit Haute Couture und Trend-Mode, exklusiven Schuhgeschäften und Juwelieren.

Antiquitäten & Kunst

Decorativa (E 6)
Nieuwe Spiegelstraat 7B
Tram 4, 9, 14, 16, 24, 25
Schon vom Schaufenster kann man sich kaum losreißen. Hier gibt es Antiquitäten und Kuriosa in einer unglaublichen Mischung: Spiegel, Devotionalien, Requisiten, griechische Statuen, Möbel – jeden Stils und jeder Preisklasse.

Shopping

Het Runnertje: Am Anfang war ein Barbierstab ...

Eduard Kramer (E 6)
Nieuwe Spiegelstraat 64
Tram 4, 9, 14, 16, 24, 25
Hier gibt's vor allem *tegels*, holländische Kacheln des 17.–20. Jh. – die älteste ist von 1540.

Het Runnertje (D 5)
Prinsengracht 531
Tram 1, 2, 5
Eduardo sammelt Antiquitäten und kuriose Einrichtungsgegenstände – angefangen hat er mit einem Barbierstab. Der Eckladen ist gespickt voll mit (Jugendstil-) Lampen, Porzellan, Vasen, alten Möbeln und Postkarten.

Kunst & Antiekcentrum De Looier (D 5)
Elandsgracht 109
Fr geschlossen
Tram 7, 10
Riesiger Trödel- und Antikmarkt, der älteste Hollands und der größte Amsterdams. Zig Händler sind hier unter einem Dach versammelt und bieten Antiquitäten jeder Stilrichtung an; auch 50er-Jahre-Objekte. Mi, Sa und So Flohmarkt.

Ausgefallenes, Kitsch & Kuriosa

Coppenhagen 1001 kralen (D 4)
Rozengracht 54
Tram 13, 14, 17
Seit mehr als 30 Jahren existiert der Laden bereits, was die enorme Palette an Perlen in allen Formen und Farben und aus allen Teilen der Welt erklärt. Die kleinen Gläschen mit den Perlen, die zig Regale füllen, sehen sehr hübsch aus.

Kleikollektief (E 4)
Hartenstraat 19
Tram 13, 14, 17
Ausgesprochen farbenfrohe Gebrauchskeramik ziert die weißen Regale des schmucken Lädchens, vor allem Tassen, Teller und Schüsseln mit witzigen Mustern und einige wenige Objekte. Hinten im Laden haben die Besitzerinnen Corien und Klaartje ihre Werkstatt.

Knopenwinkel (E 4)
Wolvenstraat 14
Tram 13, 14, 17

🛍 Shopping

Lotje ist der ›Wächter der Knöpfe‹ in Thea de Boers Knopenwinkel

In diesem edel gestylten, harmonisch eingerichteten Laden wird jeder fündig – Knöpfe in jeder Farbe, Form und Preisklasse. Besitzerin Thea de Boer ist den letzten Trends immer auf der Spur – stets begleitet von Lotje, ihrem Hund.

La Savonnerie (D 4)
Prinsengracht 294/Elandsgracht
Tram 7, 10
In dem kleinen Ladenlokal wird Seife jeglicher Form und Farbe hergestellt und verkauft. Witzig sind die kleinen Buchstabenseifen für 2,75 hfl. Seifen und Badesalz auch aus Frankreich und Belgien.

Marañon (E 5)
Singel 488–490 (Bloemenmarkt)
Tram 4, 9, 16, 24, 25
Hier kann man sich so richtig hängen lassen … Eine der größten Hängematten-Kollektionen der Welt lädt ein.

Mechanisch Speelgoed (E 3)
Westerstraat 67
Tram 13, 14, 17
Der sympathische Laden mit einem Riesenangebot an Spielwaren zieht Kleine und Große gleichermaßen an. Namengebend waren Blechspielzeuge, doch die Regale füllen auch Spiele, Masken, Spieldosen, Holzspielzeug, Schneekugeln – und die größte Sammlung an Glanzbildern in den Niederlanden. Spezialität: altes Spielzeug jeglicher Couleur.

Bücher

A la carte (F 6)
Utrechtsestraat 110–112
Mo geschlossen, Tram 4
Der Buchladen für Reisende: sehr große Auswahl an Straßen- und Wanderkarten, Reiseführern und Atlanten. Kuriosestes Buch: der Reiseführer über den Mond …

Muziekantiquariaat Landré
1e Anjeliersdwarsstraat 36
Mi–Sa 11–17 Uhr,
Tram 13, 14, 17
Regale ziehen sich in dem gemütlich vollgestopften Laden bis zur

Decke, in ihnen lagern Hunderte von Noten und Musikbüchern.

Oudemanhuis Boekenmarkt (F 5)
Oudemanhuispoort
Mo–Sa 13–16 (unter Vorbehalt)
Tram 4, 9, 16, 24, 25
In einer überdachten Passage direkt an der Uni zeigen Antiquare ihre Schätze: Schnäppchen neben Bibliophilem, Zeitschriften neben Schallplatten und alten Karten.

Die Schmiede (E 2)
Brouwersgracht 4
Wenige Gehmin. vom Bahnhof
Am Rand des Jordaan liegt das einzige deutsche Antiquariat der Stadt. Auch bibliophile Raritäten.

Stripantiquariaat Lambiek (E 6)
Kerkstraat 78
Tram 1, 2, 5
Die Herzen von Comic-Fans schlagen höher: Hier gibt's seit 1968 die größte Auswahl alter und neuer *strippen* in Amsterdam – auch auf deutsch, englisch, französisch etc.

Vrolijk (E 4)
Paleisstraat 135
Tram 1, 2, 5, 13, 17
Diese Schwulen- und Lesbenbuchhandlung liegt direkt im Zentrum. Sehr freundliche Bedienung. Viel englischsprachige Literatur.

Galerien

galerie Serieuze Zaken (D 4)
Elandsstraat 90
Tram 10, 17
Ernsthaften Geschäften – so der Name dieser relativ neuen Galerie – geht Rob Malasch nach: Auf internationalem Parkett sucht er nach jungen modernen Künstlern

> **Sieben Tage shoppen**
>
> Die Läden öffnen gegen 9 oder 10 Uhr, und die meisten schließen um 18, einige schon um 17 Uhr. Viele Geschäfte bleiben am Mo vormittag geschlossen. Sa ist um 17 Uhr Feierabend. Doch dann ist noch nicht für alle Wochenende: Am So kann man im Spiegelkwartier, in vielen Kaufhäusern, am Max Euweplein und in vielen Innenstadtläden einkaufen (12–17 Uhr). *Koopavond*, ›Kaufabend‹, ist am Do – dem Kaufrausch sind bis 21 Uhr keine Grenzen gesetzt.

– nicht selten begegnet man hier aufregenden ›Newcomern‹.

Basalt (E 3)
Prinsengracht 112
Tram 13, 14, 17
In seiner freundlichen Galerie stellt Erwin Mac Nack eigene und fremde Werke (Gebrauchskeramik und Objekte) aus, alle in fröhlich-buntem Design. Große Auswahl auch an Kacheln und Kindergeschirr.

The Frozen Fountain (D 5)
Prinsengracht 629
Tram 1, 2, 5
Besitzer Dick und Cok geben in ihrer großzügigen Galerie ungewöhnlichen holländischen Talenten eine Chance, in erster Linie Möbeldesignern. Doch es werden auch mal hauchzarte Stoffe, aus-

 **Shopping**

gefallenes Porzellan, Lampen und Objekte ausgestellt.

K.I.S. (E/F 4)
Paleisstraat 107
Tram 4, 9, 16, 24, 25
K.I.S., Kunst in Serie, stellt (un)bekannte (inter)nationale Designer, Architekten und Künstler aus. Die Galeristen wollen Kunst aus ihrer elitären Nische zerren, ein Podium für Gespräche schaffen, Innendesign und Gebrauchskunst einem großen Publikum vermitteln.

Kaufhäuser

De Bijenkorf (F 4)
Dam 1
Tram 4, 9, 16, 20, 24, 25
Passender könnte sein Name kaum sein: In diesem Bienenkorb ist immer viel los. Das mehrstöckige, elegante Neorenaissance-Gebäude (1911–13) lockt seit Jahrzehnten mit seiner Riesenauswahl.

Kalvertoren (F 5)
Kalverstraat/Singel
Tram 4, 9, 14, 16, 20, 24, 25
In der ansonsten recht durchschnittlichen Fußgängerzone Kalverstraat lockt eine Adresse seit kurzem wieder die Amsterdamer in ihre Reichweite: Der neue Shopping-Palast zählt in seiner (kühlen) Pracht zu den Einkaufs-Highlights der Stadt.

Magna Plaza (E 4)
Nieuwezijds Voorburgwal 182
Tram 1, 2, 5, 13, 17, 20
Das luxuriöse Einkaufszentrum mit seinen vielen kleinen Läden zog 1992 in das imposante neogotische Gebäude, die einstige Hauptpost. Schön, daß die Schalterräume im spanisch-maurischen Stil erhalten geblieben sind.

Metz & Co. (E 5)
Keizersgracht 455
Tram 1, 2, 5
Exklusives, kleineres Kaufhaus mit angesagten Möbeln, Innendesign, Kleidung etc. Beeindruckend ist jedoch vor allem die Glaskuppel von Rietveld im oberen Stockwerk. Hier oben ist ein Café untergebracht, das bei gutem Wetter eine grandiose Sicht auf die Grachten bietet.

Oininio (F 3)
Prins Hendrikkade 20–21
Wenige Gehmin. von der Centraal Station
Eigentlich kein Warenhaus, sondern eine Idee: Unter einem Dach sind verschiedene Geschäfte mit ökologischem Touch – von Naturkosmetik über Recyclingprodukte aus Glas bis zum esoterischen Bookshop –, Teesalon mit Meditationsraum, Grand Café, Saunen und Schulungsräumen zusammengefaßt (s. S. 43). Mit viel Holz in warmen Tönen eingerichtet.

Lebensmittel & Süßes

Olie Azijn Mosterd (F 2)
Haarlemmerstraat 70
Wenige Gehmin. von der Centraal Station
Öl, Essig, Senf: Der Name ist Programm. Aus aller Herren Ländern kommen die Produkte – Griechenland, Frankreich, Italien, aber auch aus dem Sinai und von den Philippinen. Sie werden im Laden aus großen Gefäßen direkt abgefüllt.

Pompadour (E 5)
Huidenstraat 12
Tram 1, 2, 5

Shopping

Ungewöhnliche Eindrücke – und Ausblicke – bietet der Albert Cuypmarkt

Erlesene Patisseriewaren zieren die Theke: Kuchen, Torten, Pralinen und Trüffel – ein Gedicht. Freundliche, fachkundige Bedienung garantiert. Im gemütlich-plüschigen Café (s. S. 43) kann man direkt probieren. Ein Muß für Freunde des Süßen.

Taste of Ireland (E 4)
Herengracht 228
Tram 1, 2, 5
Wie der Name schon sagt: original irische Lebensmittel. Von der Butter über Brown Bread und Guinness bis zu Black Pudding, einer Art Blutwurst.

Toko Dun Yong (G 4)
Stormsteeg 9
Wenige Gehmin. von der Centraal Station
Ein Erlebnis für sich ist dieses große chinesische Warenhaus am Rand des Rotlichtviertels: Auf fünf Etagen findet man Lebensmittel, Möbel, Küchengeräte, Haushaltswaren, Kunst ... und wähnt sich in Shanghai – so exotisch geht es hier zu. Besonders *druk* ist es am Sa, dann kommen Chinesen aus ganz Holland zum Einkauf.

Märkte

Albert Cuypmarkt (E/F 8)
Albert Cuypstraat
Tram 4, 16, 24, 25
Von Mo–Sa findet der größte und bunteste Gemischtwarenmarkt des Landes statt. Ein Besuch lohnt unbedingt, denn hier gibt es nicht nur eine Riesenangebotspalette (Obst, Gemüse, Käse, Blumen, Kleidung, Kurzwaren, Uhren etc.), man riecht auch die exotischsten Gerüche und trifft auf die unterschiedlichsten Menschen.

Boekenmarkt (E 5)
Spui
Tram 1, 2, 5
Am Fr wechseln antiquarische Bücher und Stiche auf dem belebten Markt ihre Besitzer.

Bloemenmarkt (E 5)
Singel
Tram 4, 9, 16, 24, 25

Shopping

Der einzige Blumenmarkt des Landes auf dem Wasser. Täglich werden hier günstig unzählige Blumen verkauft. *Das* Postkartenmotiv.

Boerenmarkt (E 3)
Noordermarkt
Bus 18
Am Sa gibt es auf dem Biomarkt die besten frischen Lebensmittel.

Lapjesmarkt (D/E 3)
Westerstraat
Bus 18
Im Jordaan findet am Mo früh einer der interessantesten Märkte der Stadt statt: Textilien werden am laufenden Meter verkauft; Kurzwaren, Kleider und Hüte.

Thorbeckemarkt (F 6)
Thorbeckeplein
Tram 4, 9, 14
Eine schönere Umgebung kann man sich kaum vorstellen: Auf dem von Platanen gesäumten Platz wird am So (März–Dez.) hochwertige zeitgenössische Kunst verkauft. Straßenartisten und Porträtmaler runden das Bild ab.

Waterlooplexinmarkt (G 5)
Waterlooplein
Metro: Waterlooplein
Eine Institution ist der große Flohmarkt, der Mo–Sa im Schatten der Stopera stattfindet, immer noch, auch wenn inzwischen viel touristischer Schnickschnack dabei ist. Trödel, Kleidung, Nippes, Bücher, Platten etc.

Mode

Antonia Shoes (E 4)
Gasthuismolensteeg 12
Tram 13, 14, 17
Eine kleine, aber feine Auswahl edler, ausgefallener Schuhe.

Backstage (F 6)
(s. S. 42)
Schriller geht's nimmer: In seiner Café-Boutique zeigt Gary selbstgemachte abgefahrene Häkelkreationen (Hüte, Pullover etc.).

Callas 43 (F 2)
Haarlemmerdijk 43
Nahe der Centraal Station (Überwiegend) Second-Hand-Mode der feinen Art: In den einladenden Räumlichkeiten findet sich Gebrauchtes aus edlem Hause – von Top Designern und Nobelmarken.

't haasje (D 4/5)
Elandsstraat 121/Hazenstraat
Tram 7, 10, 13, 14, 17
In 't haasjes Regalen und Kleiderständern im Jordaan findet sich das Gegenteil modischen Allerwelts-Einerleis: ungewöhnliche Damenmode zu (noch) erschwinglichen Preisen.

Link Atelier (D 5)
Prinsengracht 256 (Souterrain)
Tram 7, 10, 13, 14, 17
»Kleidung auf den Leib geschneidert« – egal, ob Bikini oder Badeanzug, bei Caroline und Betty bekommen Sie *ihr* ganz spezielles Modell (auf Bestellung).

Petticoat (E 2)
Lindengracht 99
Tram 13, 14, 17
Günstige, schöne Second-Hand-Sachen und Selbstgeschneidertes. Schon die schön dekorierten Schaufenster sind einen zweiten Blick wert.

Möbel & Design

Haaksman (D 5)
Elandsgracht 55
Tram 7, 10

Shopping

Liebhabern von Kronleuchtern geht hier das Herz auf. Die Palette reicht von teuren Einzelstücken bis zu ganz kitschigen Leuchtern.

Nic-Nic (E 4)
Gasthuismolensteeg 5
Tram 13, 14, 17
Eine wahre Fundgrube für 50er-Jahre-Fans: Porzellan, Glas, Möbel, Lampen, Küchengeräte und Nippes. Der freundliche Besitzer ist begeisterter Sammler und hat in den beiden kleinen Räumen einige Raritäten zusammengetragen.

Outras Coisas (F 3)
Herenstraat 31
Tram 1, 2, 5, 13, 17
Mediterranen Charakter versprüht dieser In-Laden. Das bunte Sammelsurium besteht aus Körben, Übertöpfen, Schalen, Amphoren, Stühlen, Kerzen, Decken etc.

Schmuck

Bonebakker & Zoon (F 4)
Rokin 86–90
Tram 4, 9, 14, 16, 24, 25
Mehr als 200 Jahre hat der renommierte Juwelier schon auf dem Buckel. Die Kronen des Köngshauses stammen aus seiner Werkstatt. Bonebakker verkauft exklusiven Schmuck verschiedener internationaler Designer.

Grimm Sieraden (F 5)
Grimburgwal 9
Tram 4, 9, 14, 16, 24, 25
Man merkt schnell: Elise Lutz liebt extravaganten, aber doch tragbaren Schmuck. Ihre Lieferanten sind vor allem holländische Designer, viele Absolventen der bekannten Rietveld-Akademie. Verwendung von ungewöhnlichen Materialien wie z. B. Plexiglas.

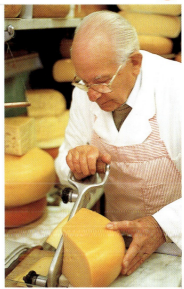

Abenteuer für Augen und Nase – die Amsterdamer *Kaashallen*

Traditionsgeschäfte

Jacob Hooy & Co. (F/G 4)
Kloveniersburgwal 10–12
Metro: Nieuwmarkt
In einem Grachtenhaus von 1743 ist die älteste Drogerie und Gewürzhandlung der Stadt untergebracht. Der schmucke Eckladen hat sein Originalinterieur – Holzfußboden und -schubläden, Fäßchen und Gläser – bewahrt.

Geels & Co. (F 4)
Warmoesstraat 67
Tram 4, 9, 16, 24, 25
Seit mehr als 140 Jahren existiert dieser Familienbetrieb, der sich auf Kaffee und Tee spezialisiert hat. Allein das Originalinterieur mit der gewaltigen Holztheke, den großen Teedosen und Kaffeebehältern mit ›Zapfhahn‹ lohnt den Weg schon. Mit **Kaffee- und Teemuseum** (Di–Fr 14–16, Sa 14–16.30 Uhr; freier Eintritt).

Nightlife

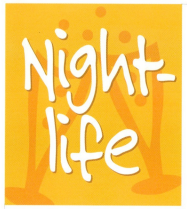

Wo ist was los?

Im dichten Dschungel von Amsterdams Abend- und Nachtleben findet jedermann und jedefrau das Richtige. Wie überall auf der Welt pulsiert hier das Leben an Wochenenden besonders ausgelassen; doch auch unter der Woche brodelt das breitgefächerte Ausgehangebot in allen Ecken und Winkeln der Stadt – nur eben ein bißchen weniger aufgeregt.

Viele Amsterdamer läuten ihr Abendprogramm bereits früh ein: Mit Beginn des Spätnachmittags zieht es sie in die **Bruine Cafés** (Braune Cafés) oder in ein kleines **Proeflokaal** (Probierstube) mit oft musealem Charakter. Das über die Jahrhunderte von Nikotin und Bierdunst dunkelbraun gefärbte Interieur hat den Braunen Cafés ihren Namen gegeben. Oft wird noch heute der Holzboden, wie bereits im 17. Jh. üblich, mit feinem Sand ausgestreut. Bruine Cafés sind Treffpunkte für jung und alt aus der Nachbarschaft, hier läßt es sich in aller Ruhe sitzen und entspannen. Und vor allem im Jordaan trifft man in diesen Traditionslokalen auf den waschechten Amsterdamer – doch auch neue Gesichter sind *van harte welkom*. In den gemütlichen Proeflokalen können Sie, in nicht selten mehrere 100 Jahre altem Interieur, diverse Weine, Liköre oder Biere probieren.

Die ungewohnt variantenreiche Palette von Ausgehmöglichkeiten wird noch ergänzt durch die in deutschen Landen weithin unbekannte Institution der **Grand Cafés**. Das größtenteils jüngere Publikum liebt die hohen, lichtdurchfluteten Räume mit meist sparsamem, aber ausgesuchtem Interieur. Die Musik ist klassisch bis zeitgemäß und nie zu aufdringlich, und bei einem *koffie verkeerd* (Milchkaffee) kann man sich an einem der Lesetische in die internationale Presse vertiefen.

Wenn die Witterung es zuläßt, scheinen Amsterdams Straßen und Plätze in eine einzige Café-Terrasse verwandelt zu sein, und die Terrassenstühle sind bis in die späten Abendstunden belegt. Leidse- und Rembrandtplein halten, was Freiluftbewirtung betrifft, den unangefochtenen ersten Platz. Auch auf dem Nieuwmarkt um die Waag herum ist mit der Sanierung eine echte **Terrassenkultur** entstanden. Hier sieht man weniger Touristen, denn vor allem Leute aus der Nachbarschaft suchen hier ihr Plätzchen im Schein der großen modernen Laternen. Intimere, malerische Terrassen finden Sie besonders in der Innenstadt entlang der schmaleren Grachten und im Jordaan.

Eines der **Zentren nächtlichen Zeitvertreibs** sind der Leidseplein und seine kleinen Nebenstraßen. Insbesondere jüngere Nicht-Amsterdamer zieht der Platz an, weil hier immer etwas los ist. Straßenakrobaten zeigen bis in die frühen Morgenstunden, was sie können,

Nightlife

Der quirlig-bunte Leidseplein ist einer der Treffpunkte bei Nacht

zig Imbisse und (Nacht-)Restaurants (s. S. 41) stillen den späten Hunger, der die Nachtschwärmer auf dem Weg von Musikkneipe zu Musikkneipe, Disco, Casino oder Melkweg (s. S. 64) überfällt.

Auf dem Rembrandtplein treffen Sie ›echte‹ Amsterdamer jeden Alters. Die Hauptstädter lieben die vielfältige Szene rund um den belebten Platz, die Restaurants, Nachtclubs, Discos, Grand Cafés und Musikkneipen – von Jazz bis zu irischer Folkmusik ist alles im Angebot.

Grad' um die Ecke liegt die Reguliersdwarsstraat, *der* Treffpunkt für die große Lesben- und Schwulengemeinde Amsterdams mit einem überbordenden Angebot. In den letzten Jahren haben sich parallel dazu immer mehr In-Läden für *trendy people* etabliert.

Auf den Walletjes, dem Rotlichtviertel, ist alles und jeder zu finden. Neben Clubs und Kabaretts wie dem Moulin Rouge, Coffeeshops (s. S. 43) und zwielichtigen Spelunken treffen Sie hier auf gemütliche Kneipen, gute Restaurants und (chinesische) Imbisse sowie das Bimhuis (s. S. 62), die Adresse für Jazzfans schlechthin.

Auch der Jordaan ist eines der Ausgehviertel der Stadt. Doch die hier gebotene Unterhaltung ist um einige Dezibel gedämpfter als anderswo in der Stadt. In den gemütlichen Kneipen, Cafés und Restaurants sitzen ›alte‹ Jordanezen, Künstler, Studenten, Yuppies und Touristen zusammen.

Proeflokalen

De Drie Fleschjes (F 4)
Gravenstraat 18
Mo–Sa 12–20.30, So 15–19 Uhr
Tram 4, 9, 16, 24, 25
Beim Betreten dieser schummrigen, kleinen Probierstube im Schatten der mächtigen Nieuwe Kerk wird man Jahrhunderte zurückkatapultiert. Die Inneneinrichtung aus dem Jahr 1650, das winzige Kabinett mit nur einem Tischchen im hinteren Teil des Lokals, Fässer über Fässer und ganze Batterien seltener Flaschen (mit eben-

Nightlife

solchem Inhalt) ziehen nach Feierabend nicht nur Amsterdamer an.

Henri Prouvin (F 4)
Gravenstraat 20
Di–Fr 15–23, Sa 14–21 Uhr
Tram 4, 9, 16, 24, 25
Der Nachbar der Drie Fleschjes hat sich ganz auf Wein spezialisiert und kredenzt seinen Besuchern Rebensaft unterschiedlichster Provenienz.

In de Wildeman (F 3)
Nieuwezijds Kolk 5
Mo–Do 12–1, Fr, Sa 12–2,
So 14–21 Uhr
Tram 1, 2, 5, 13, 17
Mehr als 15 Biersorten frisch vom Faß und außerdem 150 unterschiedliche Flaschenbiere.

Bruine Cafés

Int Aepjen (G 3)
Zeedijk 1
Tgl. 15–1 Uhr
Wenige Gehmin. vom Bahnhof
Wo sich im 15. Jh. Seeleute von ihrer Fahrt erholten, lädt noch heute Int Aepjen (Zum Äffchen) Besucher aus aller Welt ein. Konnten die Seemänner ihre Rechnung nicht bar bezahlen, ließen sie als Ersatz lebendige Reisemitbringsel hier – Äffchen. Der Ausdruck »In de Aap logeren« bedeutet seither, Pech (oder Flöhe) zu haben ... Eines der gemütlichsten – und stickigsten – Bruine Cafés.

Oosterling (F 6)
Utrechtsestraat 140
Mo–Sa 11–1, So 13–20 Uhr
Tram 4
Schon seit 1740 besteht dieses schöne Café mit angeschlossenem Spirituosenladen. Und bereits seit gut 125 Jahren ist es fest in der Hand von ein und derselben Familie, den Oosterlings, die Wert auf eine besondere Atmosphäre legen. Große alte Fässer, der Granitfußboden und ein hölzerner, als Theke genutzter Ladentisch tragen viel zur Gemütlichkeit bei.

Typisches Amsterdamer Bruin Café mit der typischen, aus dem Straßenleben der Stadt nicht wegzudenkenden Katze

Nightlife

Richtig heimelig wird's im Winter, wenn ein Feuer im Kannonenofen angefacht wird. Im Sommer dagegen lockt es die Gäste eher in den kühlen Schatten der Lindenbäume auf die Terrasse.

Papeneiland (E 2)
Prinsengracht 2
Mo–Sa 11–1, So 12–1 Uhr
Bus 18
Eines der wahrscheinlich meistfotografierten Häuser der Stadt liegt an der Ecke Prinsen- und Brouwersgracht. Im sich zur Wasserseite tief neigenden Gebäude ist seit jeher das Papeneiland zu Hause, dessen Farbigkeit und Stimmung direkt einem Gemälde des Malers Jan Steen entnommen scheint. Der hohe Raum mit der schönen Theke und den entzückenden blau-weißen Kacheln verspricht gemütliches Beieinander und löst das Versprechen mehr als ein. Lokale Größen und Jordanezen diskutieren hier gern über Politik, die Weltlage im allgemeinen und die Situation Amsterdams im besonderen.

't Smalle (E 3)
Egelantiersgracht 12
Tgl. 10–1 Uhr
Tram 13, 14, 17
Früher war 't Smalle das Proeflokaal des berühmten Jeneverbrenners Hoppe. Geblieben sind die authentische Inneneinrichtung und die traumhafte Lage direkt an der Gracht, wo der eigene Anleger im Sommer als Terrasse dient. Nicht nur So morgens ist auf Terrasse und Wasser Hochbetrieb. Wer Brötchen und Frühstücksei auf schwankenden Planken pellen will, muß schon früh aus den Federn, und auch am Abend heißt es, rechtzeitig Plätze besetzen.

Das Papeneiland, die ›Insel der Mönche‹, ist ein gemütlicher Ort der Einkehr

Grand Cafés

1e Klas (G 3)
Stationsplein 15, Gleis 2B
Tgl. 9.30–23 Uhr
Bis 1968 durften im Grand Café in der Centraal Station nur Erste-Klasse-Reisende speisen, heute ist die bezaubernde Belle-Epoque-Atmosphäre allen zugänglich.

De Jaren (F 5)
Nieuwe Doelenstraat 20–22
So–Do 10–1, Fr, Sa –2 Uhr
Tram 4, 9, 14, 16, 24, 25
Ganz dezent, pastellfarben und ohne jedes überflüssige Beiwerk erstreckt sich das moderne De Jaren über zwei Stockwerke. Von Frühling bis Herbst sind die beiden zum Wasser hin gelegenen Terrassen, die eine auf Normalnull-Niveau, die andere im ersten Stock, stets gut besucht. Bunt gemischtes Publikum.

Nightlife

De Kroon (F 5)
Rembrandtplein 17-1
So–Do 10–1, Fr, Sa –2 Uhr
Tram 4, 9, 14
Warm, elegant und etwas Schick, bietet De Kroon einen imposanten Ausblick auf den Rembrandtplein. So meist klassische Konzerte.

Luxembourg (E 5)
Spui 22–24
So–Do 10–1, Fr, Sa –2 Uhr
Tram 1, 2, 5
Nach Büroschluß wird es hier mit einem Mal sehr lebhaft. Bei jungen wie älteren Geschäftstüchtigen liegt dieses Café voll im Trend, hier lassen sie den Tag Revue passieren.

Musikkneipen

Bourbonstreet (D/E 4)
Leidsekruisstraat 6–8
Tgl. 22–4, Fr–Sa 22–5 Uhr
Tram 1, 2, 5
Zwischen all den Touristenrestaurants am Leidseplein hat sich dieser kleine, stimmungsvolle Jazz- und Bluesclub versteckt. Beinahe jeden Abend wird live gespielt, und die Atmosphäre würde New Orleans alle Ehre machen.

Caneçao Rio (E 5)
Lange Leidsedwarsstraat 68–70
Tgl. 22–4 Uhr
Tram 1, 2, 5
Besonders an Wochenenden gerät diese brasilianische Bar aus den Fugen. Zahllose Salsa-Anhänger, deren Kleidung ähnlich farbenfroh ist wie das Innere des kleinen Lokals, wiegen sich zur aufpeitschenden Live-Musik. Ein Stückchen Südamerika in Amsterdam, wo es jeden Abend Auftritte gibt und die Nächte, ganz wie in Rio, einfach nicht zu Ende gehen.

Kapitein Zeppos (F 5)
Gebed zonder End 5
Mo–Do 11–1, Fr, Sa –3, So 12–1,
Theatermenü 17.30–19.30 Uhr
Tram 4, 9, 14, 16, 24, 25
Hinter dem Rokin verbirgt sich in der schmalen Gasse ›Gebet ohne Ende‹ – hier gab's einst viele Klöster – dieses beliebte Lokal, in dem oftmals Zigeunermusik live erklingt. Die Stimmung ist dann richtig ausgelassen. Viele Studenten und Anwohner sind hier zu finden, aber auch Touristen. Im Sommer kann man draußen sitzen.

Maxim Pianobar (D/E 4)
Leidsekruisstraat 35
So–Do 21–3, Fr, Sa –4 Uhr
Tram 1, 2, 5
Jeder Gast darf sich hier nach Lust und Laune am Piano austoben; das Publikum verhält sich, von wenigen Ausnahmen abgesehen, sehr wohlwollend. Von Musikstudenten bis hin zu armenischen Flüchtlingen kommen alle her, die etwas zu spielen haben. Ein angenehmer Ort, um sich zu unterhalten oder unterhalten zu werden.

Mulligan's (F 5)
Amstel 100
Mo–Do 16–1, Fr 16–2, Sa 14–2,
So 14–1 Uhr
Tram 4, 9, 14
Irische Amsterdamer, Whiskey-Kenner, Liebhaber dunklen Biers und keltischer Klänge sind hier am rechten Fleck. Solisten oder Gruppen bringen die Stimmung an jedem Wochenende, oft auch an normalen Werktagen, zum Sieden.

De twee Zwaantjes (E 3)
Prinsengracht 114
Mo, Di, Do 20–2, Fr, Sa –3,
So 15–1 Uhr
Tram 13, 14, 17
Wer etwas vom typischen Jordaan-

Nightlife

Gefühl spüren möchte, darf die ›Zwei Schwänchen‹ nicht achtlos an sich vorüberziehen lassen. Die Gäste hier geben sich nicht die Klinke, sondern das Mikrofon in die Hand und singen aus voller Kehle herzerweichende *smartlappen*, also Schlager made in Holland. Hier ist es fast immer brechend voll. Nicht-Stammgäste sollten ein bißchen bescheiden auftreten.

Casino/Bars/Discos

Discos s. auch Kulturzentren

Casino (D 6)
Max Euweplein 62
Tgl. 13.30–2 Uhr
Tram 1, 2, 5, 7, 10
Zugang ab 18 Jahren, korrekte Kleidung. Ob Glückspilz oder Pokerface, Gernegroß oder Möchtegern: Wer die Illusion von großer, weiter und wohlhabender Welt einmal hautnah erleben möchte, der ist im Lido-Komplex beim Leidseplein gut aufgehoben. Im Holland Casino, einem der größten Europas, werden dem Spielerherz alle Wünsche erfüllt.

Dancing 't Heerenhuys (E 3)
Herengracht 114
Do, Fr, Sa ab 23 Uhr
Tram 2, 5, 13, 17
Über-Dreißigjährige fühlen sich hier im allgemeinen sehr wohl. Die nicht zu hektische und zu laute Bar lädt zu Smalltalk ein, die Jazz-, Blues- und Soul-Klänge gehen vom Ohr direkt ins Tanzbein. Specials: jeden 1. Sa im Monat Fetisch-Party, jeden Do ab 23 Uhr Reggae-Time.

Escape (F 5)
Rembrandtplein 11–15
So–Do 23–4, Fr, Sa –5 Uhr

Wenn im Kapitein Zeppos aufgespielt wird, ist die Zigeunermusik bis in die idyllische Gasse ›Gebet ohne Ende‹ zu hören

Tram 4, 9, 14
Überwiegend junges Publikum drängt sich vornehmlich zu kommerzieller House Music dicht an dicht auf dem gigantischen Dancefloor, dem größten Amsterdams. Licht- und Lasershow sowie Videoprojektoren sind sehr aufwendig. Wer am Wochenende hinein will, muß früh kommen oder lange Schlange stehen.

Mazzo (D 4)
Rozengracht 114
Mi, Do, So 23–4, Fr, Sa –5 Uhr
Tram 13, 14, 17
Ein Oldtimer unter den Amsterdamer Discos. Angenehme Atmosphäre, verschiedene House-Stile, am Wochenende auch Live House.

Paradiso (D 6)
Weteringschans 6–8
Tram 1, 2, 5

Nightlife

Tel. 626 45 21 (Infos & Termine)
Der Tempel der Pop-Musik, in dem die Atmosphäre stimmt (s. auch S. 63): Einst besuchten Gläubige hier den Gottesdienst, heute trifft man sich in der ehemaligen Kirche zum Abtanzen. 2x im Monat (Sa) Swinging Funk, Disco und Soul der 70er, 80er und 90er Jahre des 20. Jh.

Soulkitchen (F 5)
Amstelstraat 32
Do, So 23–4, Fr, Sa –5 Uhr
Tram 4, 9, 14
Eine gelungene Mischung aus Soul, Funk und Jazz wummert über die Tanzfläche der Soulkitchen – das ebenso gut gemischte Publikum weiß das zu schätzen. An der Bar kann man sich tatsächlich miteinander unterhalten. Diese Küche brodelt auch ohne allzuviele extravagante Zutaten.

Gay & Lesbian

Amstel Taveerne (F 5)
Amstel 54
Tgl. 16–1 Uhr
Tram 4, 9, 14
Alt- und urholländisches Café, in dem mann und frau, jung und alt sich vor allem zur Happy hour (18–19 Uhr) dichtgedrängt vergnügen. Bei entsprechender Stimmung werden die guten holländischen Schlager sogar vom Publikum vokal begleitet.

April (E 5)
Reguliersdwarsstraat 37
So, Do 14–1, Fr, Sa –3 Uhr
Tram 4, 9, 14
Einer der bestbesuchten Schwulentreffs mit zwei Bars; Happy hour von 23–24 Uhr. Sa nachmittags tummelt sich hier ein breiteres, schön gemischtes (nicht nur Szene-)Publikum.

COC (D 4)
Rozenstraat 14
Mo–Fr 13–17 Uhr
Tram 13, 14, 17
In diesem Café der Amsterdamer Filiale der landesweiten Homo-Organisation erhält man einen guten Überblick über die Szene.

Cockring (F 4)
Warmoesstraat 96
So–Do 23–4, Fr, Sa 23–5 Uhr
5 Gehmin. vom Bahnhof
House und Techno für Machos in der *men only*-Disco am Rand des Rotlichtviertels – nicht umsonst liegt sie im Herzen der Leder- und Jeansszene der Amsterdamer Gays.

Downtown (E 5)
Reguliersdwarsstraat 31
Tgl. 11–20 Uhr
Tram 1, 2, 5, 16, 24, 25
Der Ort, an dem mann sich tagsüber trifft. Der kleine Coffeeshop hinter dem Bloemenmarkt ist immer gesteckt voll und zeichnet sich besonders durch seine Kuchen von überragender Qualität aus.

Françoise (E 6)
Kerkstraat 176
Tgl. 7.30–18 Uhr
Tram 16, 24, 25
In der entspannten Atmosphäre dieser Kombination aus Coffeeshop und Galerie trifft frau sich gern und läßt sich eines der vielen *lekker broodjes* schmecken.

Gay & Lesbian Switchboard
Tel. 623 65 65
Tgl. 10–22 Uhr
Tel.-Infoline (auch auf deutsch und englisch) mit allem Wissenswerten über Gay-Amsterdam.

Saarein (D 4)
Elandsstraat 119
Tgl. 15–1 Uhr

Nightlife

Kaffee an der Prinsengracht gefällig?

Tram 7, 10
Bis vor kurzem die älteste Lesbenbar der Stadt – nun auch für Männer geöffnet. Beliebt ist die Runde am Billardtisch.

Draußen sitzen

Dantzig aan de Amstel (F 5)
Zwanenburgwal 15
Tgl. 10–1 Uhr
Metro: Waterlooplein
Wer den weiten Blick schätzt, wird sich auf der großzügigen Terrasse des Grand Cafés im Stopera-Komplex wohlfühlen. Blick auf Amstel und Munttoren sind die Gratiszugaben zum *witbier* oder *pilsje*. Leckere Kuchen.

't Gasthuys (F 5)
Grimburgwal 7
Tram 4, 9, 14
Beschirmt von einem ausladenden Baum sitzt man direkt an der Gracht gegenüber des Café-Restaurants. Diese Vorzüge wissen viele Amsterdamer zu schätzen, weshalb es hier immer voll ist. Als ›Zwischenstopp‹ bieten sich ein paar Bänke am Wasser an.

De Jaren (F 5)
(s. S. 55)
Das in Uninähe gelegene Grand Café bietet auf gleich zwei Terrassen eine schöne Aussicht über Wasser und Stadt. Die große Fülle an ›Lesestoff‹ lockt nochmal extra.

Kort (F 6)
(s. S. 38f.)
Still und friedlich liegt die Terrasse vom Kort auf dem Amstelveld, beschützt von der weißen Kirche und dem Grün der Bäume.

't Smalle (E 3)
(s. S. 55)
Auf dem Anleger dieses Bruin Cafés können Sie kaffeetrinkenderweise Ihren Blick mit den vorbeiziehenden Booten und Enten die Gracht hinuntertreiben lassen.

Vertigo (C 6)
Vondelpark 3
So–Do 11–1, Fr, Sa –2 Uhr
Tram 1, 3, 6, 12
Wer weitab von Stadtbebauung und Verkehr im Grünen sein Bier trinken möchte, dem sei das Café des Filmmuseums mit Terrasse und Biergarten empfohlen (s. S. 76f.).

Kultur & Unterhaltung

Die Zahlen sind nicht eindeutig, die einen sprechen von 16 000, die anderen gar von 19 000 Vorstellungen in den Bereichen Theater, Musik, Ballett, Oper, Kabarett, Tanz, Mimik, Puppentheater, Film usw. Wie dem auch sei: Amsterdam ist eine *der* Kulturstädte Europas, läßt z. B. Paris im Regen stehen … Durchschnittlich 45 kulturelle Ereignisse pro Tag, Ausstellungen nicht mitgerechnet, sind im Angebot: Wer die Wahl hat, hat die Qual! Hilfreich zur Seite stehen Informationshungrigen, die nicht im Kulturdickicht versinken wollen, das AUB (s. S. 16), die Veranstaltungstips der Stadtmagazine (s. S. 16f.) sowie die Beilagen der Tageszeitungen, so Mi die von »Het Parool«. Spezielle Informationen zu Theatervorführungen gibt's in der wöchentlichen »Uitlijst« (ebenfalls als Zeitungsbeilage bzw. öffentlich plakatiert) und zu Pop & Jazz in der gleichnamigen »Uitlijst«, die alle 14 Tage erscheint und in vielen Cafés, Konzertsälen etc. sowie beim Amsterdam Tourist Office (s. S. 16) und AUB ausliegt.

Nicht nur in quantitativer, sondern auch in qualitativer Hinsicht ist das kulturelle Angebot schier umwerfend. Mit dem Nationale Ballet, dem Koninklijk Concertgebouw Orkest und der Nederlandse Opera seien nur ein paar der berühmten Ensembles genannt. Ein Stelldichein geben sich jedoch nicht nur die ganz Großen, die Amsterdamer Kulturszene ist erfrischend experimentierfreudig und gibt vielen Newcomern und Unbekannten eine Chance.

Feste & Festivals

Die Up-to-date-Übersicht der Veranstaltungsliste gibt's unter Tel. 00 31/6/34 03 40 66 oder 00 31/900/400 40 40 (1hfl/Min.).

April
Koninginnedag (30. April): Ein riesiges Fest zum Geburtstag der Königin – man trägt die Nationalfarbe *oranje*. Die Innenstadt gleicht einem Riesenfloh- und -jahrmarkt.

Mai
Bevrijdingsfestival (5. Mai): Straßenfeste, Märkte, Musik- und andere kulturelle Veranstaltungen, Flohmarkt – ausgelassen wird der Befreiung von den Nazis gedacht.

Juni
Vondelpark Openluchttheater (20. Mai–20.Aug.): Dreimonatiges Spektakel auf dem Podium (s. S. 90). Theater, Konzerte, Kindervorstellungen, Open-air-Filmvorführungen (Mi–So).
Holland Festival (3.–25. Juni): Bedeutendstes Theater-, Opern-, Musik- und Tanzfestival Hollands. Die Aufführungen sind erstklassig. Viel Experimentelles.
Over het IJ Festival (Juni/Juli, Datum noch nicht bekannt): Theaterfestival mit spektakulären Performances. Auch für Ausländer

Kultur & Unterhaltung

Der Uitmarkt – Hunderte von Vorstellungen und Konzerten lassen die Stadt zu einem großen Theater werden

interessant, viel Pantomimisches und Musiktheater – ohne Worte.

Juli
Julidans (im Juli): Internationales Tanzfestival in der Stadsschouwburg, mit z. T. hochkarätigen Truppen.
Robeco Groep Zomerconcerten (1. Juli–31. Aug.): Beliebte Konzertreihe mit der Robeco Groep im Concertgebouw. Klassische und Jazzkonzerte.

August
Gay Parade/Gay Pride (5./6. Aug.): Große Schwulen- und Lesbenparade auf dem Wasser und anschließendem Straßenfest (Gay Pride), vor allem in Kerk- und Reguliersdwarsstraat.
De Parade (Ende Juli–Mitte Aug.): Der Martin Luther Kingpark steht ganz im Zeichen des groß angelegten Theaterfestivals. Außerdem Artisten, Tänzer, Musiker etc. Mehrere Restaurants.
Prinsengracht-Concert (3. Aug.-Wochenende/unter Vorbehalt): Auf den Grachten, in Privathäusern, Gärten und auf Terrassen werden ca. 70 Konzerte gegeben.

Uitmarkt (25.–27. Aug.): Eines der spannendsten Kulturfestivals. Musik-, Tanz- und Theatergruppen geben Kostproben des kommenden regulären Programms.

September
Bloemencorso (Anfang Sept.): Das Blumenland Holland wird seinem Ruf gerecht. 20 buntgeschmückte Wagen rollen durch die Stadt.
Open Monumentendag (9. Sept.): Historische Bauwerke und Grachtenhäuser öffnen ihre Tore.
Jordaanfestival (Datum noch nicht bekannt): Alte Zeiten werden wach: Stimmungsvolle Jordaan-Lieder erklingen, Orgelmusik ertönt ...

Kino

s. auch Kulturzentren/Festivals

Alle Filme laufen in Originalversion mit Untertiteln, und in der Mitte gibt's fast immer eine Pause, damit ordentlich ›verzehrt‹ wird.

In der überall kostenlos ausliegenden »Week Agenda« ist u. a.

Kultur & Unterhaltung

das Wochenprogramm vieler Kinos abgedruckt.

In Amsterdam zählt man rund 50 Kinos und Filmhäuser – eine immense Vielfalt also. Im folgenden werden einige Highlights vorgestellt, die ein Muß sind!

Desmet (H 5)
Plantage Middenlaan 4a
Tel. 627 34 34
Tram 9, 14
Stilvolles Filmtheater mit Café. Feines Programm: moderne Klassiker und anspruchsvolle neuere Filme, Gay-Cinema (Sa, So). Keine Werbung, keine Pause. Mo Filme 6 hfl.

Filmtheater (C 6)
s. S. 76f. u. 90

The Movies (E 2)
Haarlemmerdijk 161
Tel. 638 60 16 (Kasse)
Buslinien 18, 22
Das schöne alte Filmtheater steht als Art-deco-Kino zwar im Schatten des größeren Tuschinski, bringt aber das anspruchsvollere Programm. Ausgewählte neue Filme, Fr/Sa lange Filmnacht, Kinderfilme, bekanntes Café (s. S. 38). Keine Pause.

Tuschinski (F 5)
Reguliersbreestraat 26–28
Tel. 09 00/202 53 50 (nationale Reservierungsnr.)
Tram 4, 9, 14
Ein Filmpalast ohnegleichen: das luxuriös-plüschige Art-deco-Kino Tuschinski. In diesem einzigartigen Ambiente finden Filmpremieren à la Hollywood statt, hier laufen die großen internationalen Streifen. Am Wochenende heißt es Schlange stehen. Angucken – zumindest des Theaters – lohnt unbedingt.

Konzerte

s. auch Kulturzentren

Beurs van Berlage (F 3)
Damrak 277
Tel. 530 41 41
Tram 4, 9, 16, 24, 25
Außergewöhnliche und attraktive Heimstatt des Nederlands Philharmonisch Orkest und des Kamerorkest ist die alte Börse (s. S. 70). 665 Zuhörer faßt der Yakult Zaal, der kleinere gläserne AGA Zaal bleibt der Kammermusik vorbehalten. Neuer, spannender Programmpunkt: Filmmusik von Fellini bis Spielberg – ohne Bilder.

Bimhuis (G 4/5)
Oude Schans 73–77
Tel. 6231361; Juli, Aug. geschl.
Metro: Waterlooplein
Seit Jahr und Tag *der* Treffpunkt für Jazz-Enthusiasten. Do–Sa Konzerte im großen Saal. Sehr schöne Bar.

Concertgebouw (D 7)
Concertgebouwplein 2–6
Tel. 671 83 45
Tram 2, 3, 5, 12, 16
Der Große Saal gilt als einer der besten Konzertsäle der Welt, ist berühmt für seine beeindrucken-

---

Reservierungen

Viele Veranstaltungen sind bereits Monate im voraus ausgebucht. Um ebenfalls zu den Glücklichen zu gehören, kann man bei der NRC (Tel. 00 31/70/419 55 00, Fax s. S. 24) auch aus dem Ausland rechtzeitig vorbestellen.

Kultur & Unterhaltung

Das Concertgebouw ist angeblich Brahms zu verdanken: Er hatte nur böse Worte für Amsterdams bisherige Musikeinrichtungen übrig

de Akustik. Auch das Haus- und Hoforchester, das Koninklijk Concertgebouworkest, genießt Weltruf. Gastauftritte berühmter Solisten und Orchester. Im Kleinen Saal wird Kammermusik gespielt. Gratis-Mittagskonzerte, Sept.–Juni Mi 12.30–13 Uhr. So um 9.30 1 1/4stdg. Hausführung (5 hfl).

Glockenspiele

Carillon, entlehnt aus dem Französischen, ist ein Wort, das man sich merken sollte, denn Amsterdam besitzt die meisten Glockenspiele der Welt. Konzerte finden mehrmals wöchentlich statt. Westerkerk: Di 12–13, Zuiderkerk: Do 12–13, Munttoren: Fr 15–16, Oude Kerk: Sa 16–17, Zuiderkerk: Do 12–13 Uhr. In der Sommersaison finden fast täglich weitere Konzerte statt (s. »Uitkrant«).

IJsbreker (G 7/8)

Weesperzijde 23
Tel. 693 90 93
Tram 3, 6, 7, 10, 51,
Metro: Weesperplein

Das Zentrum für moderne, experimentelle und weniger bekannte klassische Musik liegt idyllisch an der Amstel – und veranstaltet mehr als 200 Konzerte im Jahr. Außerdem Festivals, Performances.

Orgelkonzerte

Im Sommer kommen Orgelmusikfans garantiert auf ihre Kosten: Fast täglich wird irgendwo ein Konzert gegeben. Am bekanntesten sind die Veranstaltungen in der Oude und der Nieuwe Kerk, weitere Spielstätten: Amstelhof, Dominicuskerk, Koepelzaal, Mozes en Aaronkerk, Oude Lutherse Kerk, Waalse Kerk, Westerkerk. Termine/Preise s. »Uitkrant« (s. S. 16).

Paradiso (D 6)

s. auch S. 58
Der Pop-Dom der Stadt befindet sich tatsächlich in einer alten Kirche. War es einst anrüchig, hierher zu kommen, ist das Paradiso inzwischen voll etabliert. Einmalige Atmosphäre, wenngleich viele mäkeln, die Akustik sei nicht gut.

Kultur & Unterhaltung

»Milkyway« nennen viele Ausländer das beliebte Kulturzentrum

Tropeninstituut (J/K 6)
Kleiner Saal: Linnaeusstraat 2
Großer Saal: Mauritskade 63
Tel. 568 85 00
Tram 3, 7, 9, 10, 14, Bus 22, 37
Die Adresse für Musik aus aller Welt: afrikanische Rhythmen, asiatische Klänge, Latin etc.

Kulturzentren

De Balie (D 6)
Kleine Gartmanplantsoen 10
Tel. 553 51 00
Tram 1, 2, 5, 6, 7, 10
Engagierte Macher und ein engagiertes Publikum haben das Balie zu einer überwältigenden Kulturbörse gemacht: Neben Theater- und Filmaufführungen, Lesungen und Ausstellungen gibt's viel Raum für politische Vorträge und Diskussionen (s. S. 43). Café-Bar.

Melkweg (D 6)
Lijnbaansgracht 234a
Tel. 624 17 77
Tram 1, 2, 5, 6, 7, 10
Legendär ist der Ruf dieses Kulturzentrums, früher wegen der Space Cakes und des mit Hasch versetzten Tees im angeschlossenen Coffeeshop, heute vor allem wegen des riesigen Konzertangebots – ein Mekka für Popfreunde. Außerdem Kino, Theater, Kunstvideos, Disco, Ausstellungen etc.

Westergasfabriek (C 1)
Haarlemmerweg 8–10
Tel. 681 30 68
Tram 3, 10, Buslinie 18, 22
Unbedingt einen Besuch wert ist die Westergasfabriek. Auf dem riesigen Terrain stehen in der unnachahmlichen Atmosphäre von 15 Industriedenkmalen, u. a. einem Gasometer, Ausstellungen, Konzerte, Theater-, Musik- und Tanzvorführungen auf dem Programm. Ab 2000 wird wohl noch mehr Andrang herrschen, dann entsteht auf dem Gelände ein Park. Das Café-Restaurant **West-Pacific** (488 77 78; So–Do 11.30–1, Fr, Sa –3 Uhr, ab 22/23 Uhr Tanz; mit Terrasse) verwandelt sich spät abends in einen brodelnden Tanzsaal.

Theater, Ballett, Oper

s. auch Kulturzentren

Amsterdams breite Palette an modernen, ungewöhnlichen, experimentellen Theatern und Theatergruppen ist groß, bleibt an dieser Stelle jedoch unerwähnt. Die niederländische Sprache ist dann doch eine zu große Hürde. Wer nähere Infos über die Theaterwelt sucht: Theaterinstitut (s. S. 78) oder AUB (s. S. 16) helfen weiter.

Kultur & Unterhaltung

Carré (G 6)
Amstel 115–125
Tel. 622 52 25
Tram 4, Metro: Weesperplein
Vor 13 Jahren, anläßlich seines 100. Geburtstags, wurde das 1887 erbaute monumentale Zirkusgebäude geadelt und darf sich seither Koninklijk Theater Carré nennen. Auch das Programm ist hochkarätig – und vielseitig: von in- und ausländischen Musical-Dauerbrennern über Ballett- und Opernaufführungen international bekannter Ensembles zum »holländischen Walt Disney« Herman van Veen. Und in der Weihnachtszeit verwandelt sich das Carré wieder in das, was es einst war: Dann hält ein Zirkus Einzug, mit Spitzenartisten aus internationalen Produktionen – aus Rußland, Frankreich, China oder auch vom Zirkus Knie. Das seit 1995 existierende Klein Carré wird liebevoll »Off-off-Broadway« tituliert. Hier finden kleinere Aufführungen der Sparten Tanz, Theater, Kabarett und Kleinkunst statt. Führungen durchs Carré: Mi, Sa 15 Uhr.

Felix Meritis (D/E 5)
Keizersgracht 324
Tel. 623 13 11
Tram 1, 2, 5, 13, 17
Von den Amsterdamern heißgeliebt ist die engagierte Stiftung zur Förderung europäischer Künstler. Sie beschäftigt sich u. a. mit experimentellem Theater, Musik und Tanz. Es lohnt, das Millennium-Programm (auch unter www.felix meritis.nl) mit seinen eigenwilligen und überraschenden Veranstaltungen zu studieren, das kaum noch an traditionelles Theater erinnert. Allein das klassizistische Gebäude mit den korinthischen Säulen lohnt den Besuch – Genuß verspricht das hauseigene Café Felix & Sofie.

Marionetten Theater (G 4)
Nieuwe Jonkerstraat 8
Tel. 620 80 27
Metro: Nieuwmarkt
Sie lassen die Puppen tanzen: die Puppenspieler, die sich der europäischen Tradition des Marionettentheaters verpflichtet haben. Hölzerne Akteure verzaubern die Zuschauer zu Klängen von Mozart, Offenbach und Rossini. An einigen Tagen im Jahr ist ein Blick hinter die Kulissen möglich.

Muziektheater (G 5)
Amstel 3
Tel. 625 54 55
Tram 9, 14, Metro: Waterlooplein
Zwei feste Ensembles mit Weltruf treten im supermodernen Stopera-Komplex auf: das Nationale Ballet und die Nederlandse Opera. Gern gesehener Gast ist das Nederlands Dans Theater aus Den Haag mit seinen spektakulären Inszenierungen. Karten für alle Vorstellungen müssen Wochen im voraus reserviert werden. Kostenloser Genuß wird von Sept.–Mai geboten: Im Boekmanzaal geben die Niederländischen Philharmoniker, der Opernchor, das Niederländische Ballettorchester und andere Lunchkonzerte (Di 12.30–13 Uhr).

Stadsschouwburg (D 6)
Leidseplein 26
Tel. 624 23 11
Tram 1, 2, 5, 6, 7, 10
Das Neo-Renaissancetheater ist eines der großen in der Kulturwelt Amsterdams. Bereits 1894 öffnete es seine Tore und war bis zum Bau der Stopera *das* Opernhaus der Stadt. Heute bietet es – bald auch in einem neuen Saal – einen Querschnitt durch die Sparten (zeitgenössisches) Theater, moderner Tanz, Ballett, Musiktheater, Musical, Kabarett, Oper und Operette.

Freizeit & Fitness

Fitness

Jansen (F 5)
Rokin 109
Tel. 626 93 66
Sa–So 12–20, Mo–Fr 10–22.30 Uhr
Tram 4, 9, 14, 16, 24, 25
Gut ausgestattetes Fitness-Center in Dam-Nähe. Spezieller Touristen-Tarif. Wochenabo 75 hfl.

Golf

Golfclub De Hoge Dijk (südöstlich K 7)
Abcouderstraatweg 46
Tel. 02 94/28 12 41
Tgl. Sonnenauf- bis -untergang
Bus 120, 126 (ab Muiderpoortstation)
Öffentliche 18-Loch-Golfanlage im Südosten der Stadt.

Inline Skating

Rodolfo's Skateshop (G 6)
Sarphatistraat 59
Tel. 622 54 88
Tram 6, 7, 10,
Metro Weesperplein
Inline Skates für 15 hfl pro Tag.

Joggen & Radfahren

Ein Eldorado für Jogger, Skater und Radler sind Vondelpark und Amsterdamse Bos. Der zentral gelegene **Vondelpark** (s. S. 90) platzt am Wochenende schier aus allen Nähten, ist *der* Anlaufpunkt für all jene, die spazierengehen, joggen, radfahren, ihre Hunde ausführen oder einfach nur an einem der Teiche im Gras liegen wollen. Auf fußballfeldgroßen freien Flächen toben Ballspieler jeder Couleur, werden Federbälle geschlagen, flitzen Frisbees hin und her. Während der erste Teil des Parks noch überlaufen ist, wird es im hinteren, breiteren ruhiger.

Noch mehr Platz zum Austoben bietet der im Südwesten der Stadt gelegene **Amsterdamse Bos** (s. S. 79), der riesige, 935 ha große Haus- und Hofwald der Hauptstädter. Am Haupteingang können Sie Fahrräder mieten. Außerdem gibt's eine Minigolfanlage, eine Trimmbahn, einen Pferde- (s. u.) und Kanuverleih, zahlreiche Sportanlagen für Squasher, Badminton- und Tennisspieler (s. u.).

Reiten

Amsterdamse Manege (südwestlich A 8)
Nieuwe Kalfjeslaan 25
Tel. 643 13 42
Mo–Fr 7.30–23, Sa, So –18 Uhr
Sneltram 5, 51
Pferdeverleih (Amsterdamse Bos).

Schwimmbad

Mirandabad (südlich F 8)
De Mirandalaan 9
Tel. 642 80 80, Mo–Fr 9.30–21,

Freizeit & Fitness

Sa, So 9.30–17 Uhr
Tram 25 (Endhaltestelle)
Tropisches Schwimmparadies am Rai-Kongreßzentrum.

Tennis & Squash

Amstelpark Tenniscentrum
Koenenkade 8 (Amsterdamse Bos)
Tel. 301 07 00
Mo–Do 8–23, Fr–So 8–22 Uhr,
im Sommer Fr, Sa auch abends
Bus 170, 171, 172
26 beleuchtete Ascheplätze, zwölf Squashplätze, Fitness- und Aerobic-Möglichkeiten, Sauna, Türkisches Bad und Schwimmbad.

Amsterdam mit Kindern

Eltern brauchen keine Angst zu haben, daß Kinder sich im großen Theater Amsterdam langweilen könnten. In einem Boot über die Grachten schippern, auf dem Tretboot selber Käpt'n spielen (s. S. 21), Türme erklimmen (s. S. 74f.), Inline Skating im Vondelpark (s. S. 90, s. o.), Reiten im Amsterdamse Bos (s. o.) und Pfannkuchen essen sind allein schon vergnüglich, tag- und magenfüllend.

Etliche Museen, so beispielsweise das Scheepvaartmuseum (s. S. 77) mit dem Ostindiensegler ›Amsterdam‹, das Tropenmuseum, das neue Technologiemuseum (s. S. 77) und das Aviodome (s. S. 81) haben spezielle, auf Kinder abgestellte Abteilungen.

Kinder-Attraktionen schlechthin sind auch das Wachsfiguren-Kabinett der Madame Tussaud (s. S. 76), der Artis Zoo (s. S. 79) und die Fahrt mit der Museumtramlijn zum Trammuseum.

Babysitter

Und wenn die Eltern abends noch ausgehen, die Kleinen aber gut behütet wissen wollen, ist die etablierte Babysit-centrale Kriterion der vertrauenswürdige Ansprechpartner.
Kriterion (H 6)
Roetersstraat 170
Tel. 624 58 48 (17–19 Uhr)
Preise 7–10 hfl pro Std. zzgl. div. Zuschläge, Mindestbetrag 26 hfl.
Tram 7, Metro: Weesperplein

Tropenmuseum & Kindermuseum (J 6)
Linnaeusstraat 2
Mo–Fr 10–17, Sa, So 12–17, Kinderabtlg. Mi 13.45/15.30, Sa, So, in den Ferien 12/13.45/15.30 Uhr
Erw 10, Kinder 7,50 hfl
Tram 3, 6, 9, 10, 14
Das Tropenmuseum, in dem Exponate aus (sub)tropischen Landen ausgestellt sind, hat ein eigenes Kindermuseum mit wechselnden Ausstellungen zum Mitmachen.

Electrische Museumtramlijn & Trammuseum (südlich A 8)
Haarlemmerstation,
Amstelveenseweg 264
April–Sept. So, Feiertage alle 20 Min. zwischen 10.30–17, in den Ferien auch Di–Sa 13–16 Uhr
Erw. 5, Kinder 2,50 hfl
Die Museumtramlijn fährt von der Haarlemmerstation via Amsterdamse Bos nach Amstelveen zum Trammuseum und retour.

sightseeing

Stadtteile

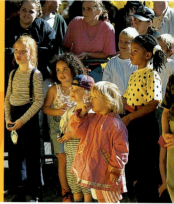
Auch für Kinder gibt's im großen Theater Amsterdam viel zu sehen

Grachtengordel (D/H 2/6)
Der Grachtengürtel, der im Rahmen der Stadterweiterung im Goldenen Jahrhundert entstand, umschließt halbmondförmig das alte Zentrum. In diesem Teil der Stadt dominiert die schöne, facettenreiche Giebelhausarchitektur des 17. und 18. Jh. In den vielen Querstraßen zwischen Heren-, Keizers- und Prinsengracht gibt es eine Unzahl kleiner Läden und Cafés.

Jordaan (D/E 2/5)
Den Jordaan umgibt viel Patina: Hier leben die echten Amsterdamer, hier wird das typischste *amsterdams* gesprochen. Einst war das heutige In-Viertel am Fuß des Westertoren, zwischen Singel-, Brouwers- und Prinsengracht, die Wohngegend der kleinen Leute. Inzwischen leben und arbeiten hier viele Kreative und Yuppies, haben sich zahlreiche Boutiquen und Läden angesiedelt. Im malerischen Jordaan – der Name leitet sich wohl vom französischen *jardin* (›Garten‹) ab – geht es ausgesprochen lebhaft zu. Nicht zuletzt wegen seiner Märkte, Festivals und der bunten Kneipenszene.

Museum- en Spiegelkwartier (D/E 6/7)
Das Museum- und Spiegelkwartier ist *das* Kunstviertel der Stadt. Es umfaßt den Vondelpark, die Umgebung der drei großen Museen und die Gassen rund um die Spiegelgracht. Im Spiegelkwartier zwischen Herengracht und Rijksmuseum dominieren Galerien, Kunst- und Antiquitätengeschäfte. Rijks-, Van Gogh- und Stedelijk Museum sind von großzügig angelegten Straßen umgeben, die vom neu gestalteten Museumplein, dem größten Platz Amsterdams, abgehen. In dieser Ecke liegt die eleganteste Einkaufsgegend der Stadt.

Oude Centrum (F/G 3/5)
Das alte Zentrum, begrenzt durch Singel und Oude Schans, bildete bis zur Stadterweiterung im 17. Jh. den Stadtkern. Das Straßengeflecht mit den zahlreichen Stiegen und Gassen mutet noch immer mittelalterlich an. In diesem Viertel liegen die meisten Sehenswürdigkeiten, Nieuwmarkt und Dam, Oude und Nieuwe Kerk, sowie die belebtesten Einkaufsstraßen, Nieuwendijk und Kalverstraat.

Sightseeing

De Pijp (E/G 7/8)
Der bunteste Stadtteil Amsterdams – und das nicht allein, weil hier Menschen aller Nationalitäten zusammenleben. Auch die Vielzahl der kleinen Lädchen, ausländischen Imbisse und Restaurants und der berühmteste Markt Hollands, der Albert Cuypmarkt, auf dem sich buchstäblich die ganze Welt trifft, drücken dem Viertel ihren Stempel auf. Seinen Namen, ›die Pfeife‹, hat es wegen der langen, engen Sträßchen bekommen.

Plantage (G/J 5/6)
Das Plantage-Viertel im Osten der Stadt hat mit dem Hortus Botanicus und dem Artis Zoo viel von seinem ursprünglichen Charakter behalten. Der Name Plantage (*Plantaardje*) leitete sich von den zahlreichen Grünflächen ab, die bei der Neugestaltung im 19. Jh. zum Teil verschwanden. Am Rand des bei der Mittelschicht beliebten Stadtteils liegt das Entrepotdok, eines der spektakulärsten Architekturprojekte der letzten Jahre. Von hier sind die Oostelijke Eilanden, drei künstlich aufgeschüttete Inseln, über zwei Brücken gut zu erreichen

Bauwerke, Grachten, Plätze

Fast 2 Mio. ausländische Besucher zählt Amsterdam Jahr für Jahr. Zwar fehlt den Amsterdamern die herausragende Sehenswürdigkeit – sie haben weder einen Eiffelturm wie die Pariser noch eine Freiheitsstatue wie die New Yorker –, dafür aber ist die Innenstadt ein einziges Freilichtmuseum. Wohin man sich auch wendet, überall gibt es etwas zu sehen, und alles ist gut zu Fuß zu erreichen.

Amsterdammertjes
Ganze Armeen rotbrauner Eisenpfähle säumen die Gehsteige der Grachtenstadt, schützen Passanten vor vorbeiflitzenden Autos. Inzwischen ist es beschlossene Sache: Diese Wahrzeichen Amsterdams sollen verschwinden. Dem Stadtrat scheint ihre fast 140jährige Geschichte gleichgültig, sie seien überflüssig und die Parkaufsicht Manns genug, gegen Falschparker vorzugehen. Einziger Trost: Es wird noch Jahre dauern, bis sie alle verschwunden sein werden.

Begijnhof (E 5)
Eingang Spui
Tram 1, 2, 5
Eine Stadt in der Stadt ist der Begijnhof, das bekannteste, älteste und größte *hofje* (s. S. 72) Amsterdams. Hier lebten seit 1346 die *begijnen*. Diese frommen Frauen wollten nicht ins Kloster eintreten, aber dennoch in einer (nicht so strengen) Gemeinschaft leben.

Amsterdammertjes sind – wie man sieht – unverzichtbar ...

69

Sightseeing

Lange Zeit waren nur die Laternen der Blauwbrug blau

Beurs van Berlage (F 3)
Damrak 277
Tram 4, 9, 16, 20, 24, 25
An der 1898–1903 erbauten Kaufmannsbörse scheiden sich die Geister: Entweder finden die Amsterdamer sie häßlich oder brillant. H. P. Berlage, der Begründer der modernen niederländischen Baukunst, brach mit dem im 19. Jh. vorherrschenden Historismus und schuf ein revolutionäres Bauwerk mit klaren Linien und strengen Proportionen aus schlichten Baumaterialien. Auch die Innenraumgestaltung, so die Stahl-Glas-Konstruktion des Dachs, ist bemerkenswert. Vom Börsenturm, der in Anlehnung eines Palazzo in Siena entstand, blickt man über ganz Amsterdam (Di–So 10–16 Uhr, Erw 6, Kinder 4 hfl). Berlages Börse wird heute für Konzerte und Ausstellungen genutzt (s. auch S. 62); Dauerausstellung zu ihrer Geschichte.

Blauwbrug (G 5)
Am Waterlooplein
Tram 9, 14, Metro: Waterlooplein
Ungewöhnlich für Amsterdam ist diese imposante Amstel-Brücke (1884). Sie ist einer Pariser Brücke, der Pont-Alexandre-III nachempfunden. 1999 restauriert, gleicht sie nun wieder – rein farblich – eher ihrer Vorgängerin, einer Holzbrücke mit blauem Geländer.

Centraal Station (F/G 2/3)
Stationsplein
Auf drei künstlichen Inseln und 8687 Pfählen wurde der Hauptbahnhof 1882–89 gebaut. *Poort van Amsterdam*, ›Tor zu Amsterdam‹, nennen ihn die Amsterdamer liebevoll. Züge in und aus aller Welt werden in dem historischen Monumentalgebäude im Stil der holländischen Renaissance abgefertigt. Seine imposante, der

Einen kleinen Dorfplatz mit viel Grün und 100jährigen Bäumen säumen schmale Häuschen, so auch das älteste der Stadt von 1460 (Nr. 34) mit den Original-Holzgiebeln. Die übrigen Häuser stammen überwiegend aus dem 17. Jh. Hinter der unscheinbaren Fassade der Nr. 29–30 verbirgt sich eine Geheimkirche (s. S. 76), in der die Beginen von 1671–1795 ihren Gottesdienst feierten. Ihr eigentliches Gotteshaus, die gotische Kirche im Innenhof, war von den Reformierten ›konfisziert‹ worden. Für Gruppen gesperrt.

Sightseeing

Der Blick scheint gegen unendlich zu gehen: Die Speicherhäuser des Entrepotdok säumen über mehr als 500 m die Ufer des Kanals

Stadt zugewandte Front zieht sich über einige 100 m. Die Ähnlichkeit mit dem Rijksmuseum ist unübersehbar, es stammt vom selben Architekten, P. J. H. Cuypers. Mehr als einen Blick wert ist auch das überwältigende Jugendstil-Café 1e Klas auf Gleis 2A (s. S. 55).

Dachau Monument (südwestlich A 8)
Amsterdamse Bos
Buslinien 170, 171, 172
Seit November '96 kann das Dachau-Denkmal des Holländers Niek Kemps besichtigt werden. Auf Initiative ehemaliger niederländischer KZ-Häftlinge schuf der Bildhauer einen 60 m langen Steinpfad, in den die Namen von ca. 500 Konzentrationslagern eingemeißelt sind. Der steinige Pfad ist von einer 3,5 m hohen Hecke eingefaßt, die den Besucher von der Außenwelt abschirmen soll.

Dam (F 4)
Der erste Marktflecken Amsterdams (1270) ist noch heute der wichtigste Platz der Altstadt. Auf der gewaltigen freien Fläche vor dem Königspalast geht es immer turbulent zu, Hunderte von Tauben werden von Hunderten von Besuchern gefüttert, und Hunderte von Kameraverschlüssen veranstalten ein ganz eigenes Konzert.

Entrepotdok (H 5)
Entrepotdok
Tram 7
Eines der gelungensten Beispiele für die Stadtsanierung der 80er Jahre findet man am Rand des Plantage-Viertels auf einer Halbinsel. Dieser Komplex mit Speicherhäusern aus dem 18./19. Jh. (*entrepôt* = Lager) war seinerzeit der größte Europas. Alle Lagergebäude tragen Namen: Pate standen holländische und belgische Städte.

Grachtenhäuser/ Giebelsteine
Die abwechslungsreiche Grachtenarchitektur reicht von prächtigen Patrizierhäusern über handtuchschmale Häuschen zu Speichergebäuden. Eine der imposantesten

Sightseeing

geschlossenen Giebelhausfronten aus dem 17. Jh. mit verschiedenen Giebel- und Dachformen findet sich an der Leidsegracht (Nr. 2–66). Die prunkvollsten Patrizierhäuser stehen an der Gouden Bocht, der Goldenen Biegung, der Herengracht (Nr. 456–485). In diesen Stadtpalästen mit wundervollen, großzügigen Gärten – ein Luxus für eine an Wohnraum knappe Stadt wie Amsterdam – lebten vor allem Reeder und Kaufleute. Weitere sehenswerte Gebäude: Spanisches Haus (Singel 2), Haus mit den Köpfen (Keizersgracht 123), Felix Meritis-Haus (Keizersgracht 324), Weißes Haus (Herengracht 168), Bartolotti-Haus (Herengracht 170–172), Prinzenhof (Oudezijds Voorburgwal 197), Haus an den drei Grachten (Oudezijds Voorburgwal 249). Bei vielen Bauten, so auch beim Huis aan de drie Grachten, springen die auf halber Höhe der Hausfassade angebrachten Giebelsteine ins Auge. Diese Schmucksteine ersetzten die Hausnummern, die erst mit Napoleon zu Beginn des 19. Jh. Einzug hielten. Im 15. Jh. entstanden die ersten Fassadensteine, recht schlichte Exemplare, die Aufschluß über Beruf und Lebensform der Hausbewohner gaben. Später wurden sie immer phantasievoller. Das Exemplar am Dreigrachtenhaus ist besonders schön. Der Giebelstein trägt die Inschrift *Fluwelenburgwal* (›Sammetgracht‹) und erinnert an die in Samt und Seide gewandeten Bürger, die einst hier lebten.

Hausboote

Sie tragen viel zum Charme Amsterdams bei. Mehr als 2000 Boote liegen in den Grachten, über 4000 Menschen wohnen auf dem Wasser. Doch einigen Besitzern wurde nahegelegt zu räumen. Die städtischen Auflagen werden immer strenger, sowohl in bautechnischer und hygienischer als auch in finanzieller Hinsicht. Die Tendenz geht dahin, nur noch historische Boote zuzulassen. Besonders schöne *woonbooten* liegen z. B. an der Amstel auf Höhe der Magere Brug und in der Brouwersgracht.

Hofjes
Diese Innenhöfe (s. Extra-Tour 5, S. 92f.) wurden vor allem im Goldenen Jahrhundert gebaut, als Geld in Amsterdam reichlich floß. Am bekanntesten ist der Begijnhof, am schönsten sind die *hofjes* im Jordaan, wo man auch die meisten der noch bestehenden 20 Einrichtungen findet. Manche sind wieder gänzlich für die Öffentlichkeit gesperrt – weil die Bewohner vom Andrang genug hatten –, andere zumindest für Gruppen.

Koninklijk Paleis (E/F 4)
Dam
Tram 4, 9, 16, 24, 25
»Achtes Weltwunder« – so nennen die Amsterdamer bescheiden den auf 13 659 Pfählen erbauten Königspalast (1648–54). Der klassizistische Prachtbau mit den imposanten Maßen (80 x 56 m) diente lange als Rathaus der Stadt, bis König Lodewijk Napoleon ihn 1808 zur königlichen Residenz erklärte. Heute imponiert er Gästen

Sightseeing

Wenn die Magere Brug ihre ›Flügel‹ hochschraubt, können selbst große Schiffe die Amstel befahren

der Königin. Die kostbare Inneneinrichtung – sehenswert vor allem der fast 30 m hohe Bürgersaal, einer der schönsten Festsäle Europas – kann besichtigt werden: Juni, Juli tgl. 10–18, Aug. tgl. 12.30–17 Uhr.

Magere Brug (G 6)
Amstel/Kerkstraat
Tram 4
Diese schöne hölzerne Ziehbrücke über die Amstel ist wohl das bekannteste Wahrzeichen Amsterdams. Gleich drei Geschichten ranken sich um ihren Namen. Die profanste (und wohl richtige): Die erste Brücke an dieser Stelle sei sehr schmal – *mager* halt – gewesen, und später habe man diese Bezeichnung einfach beibehalten. Die unspektakulärste: Der Architekt habe Mager geheißen. Die schönste (und unwahrscheinlichste): Die Brücke sei 1670 von zwei Schwestern, den Damen Mager, in Auftrag gegeben worden, damit diese sich einfacher besuchen konnten – sie wohnten auf gegenüberliegenden Amstel-Ufern …

Stopera (F/G 5)
Waterlooplein
Tram 4, 9, 14,
Metro: Waterlooplein
»Das Gebiß« nennen die Amsterdamer den in den 80er Jahren entstandenen supermodernen Komplex aus Rathaus (**St**adhuis) und Muziektheater (**Opera**) = Stopera. Und tatsächlich: Einzelne, weiße Gebäudeteile ragen wie Zähne aus dem runden Gebäude heraus. Der Bau des etwas aufdringlichen Machwerks war stark umstritten, denn große Teile der Altstadt mußten dafür abgerissen werden. Heute ist es akzeptiert, aber ungeliebt. Und die Umgebung, z. B. der Flohmarkt auf dem Waterlooplein, hat viel von ihrer früheren Atmosphäre verloren. Rathausführung: 1. Mo im Monat 10 Uhr, Preis: 3 hfl, Anmeldung Tel. 552 91 11.

De Waag (G 4)
Nieuwmarkt
Metro: Nieuwmarkt
Sieben Türme streckt die Waage, eines der ältesten Gebäude Amsterdams (1488), gen Himmel. Ihre

Sightseeing

Innenräume sind seit dem 17. Jh. nahezu unverändert. Nach einer umfassenden Restaurierung öffnete das trutzige ehemalige Stadttor, die spätere Waage, im Juni 1996 wieder seine Tore. In romantischer Atmosphäre läßt sich unten speisen (s. S. 43), während in der oberen Etage ein hypermodernes Medienzentrum untergebracht ist.

Kirchen

Mozes- en Aaronkerk (G 5)
Waterlooplein 205
Tram 9, 14, Metro: Waterlooplein
Aus der Zeit der Geheimkirchen stammt dieses strahlend weiße Gotteshaus mit den beiden charakteristischen Türmen und dem Säulenportal. Ursprünglich Wohnhaus eines reichen jüdischen Kaufmanns, erhielt es erst Mitte des 19. Jh. sein neoklassizistisches Aussehen. Die ehemalige katholische Kirche dient heute als Zentrum für die seelsorgerische und praktische Betreuung von Minderheiten.

Nieuwe Kerk (E/F 4)
Dam
Tram 1, 2, 4, 5, 9, 13, 17, 24, 25
Der imposanten spätgotischen Kreuzbasilika aus dem 15. Jh. – heute offizielle Krönungskirche der holländischen Monarchen – fehlt ein richtiger Kirchturm. Schuld daran soll das Rathaus, der jetzige Königspalast, gewesen sein: Die Ratsherren wollten angeblich nicht, daß die Kirchturmspitze ihr Domizil überragte. Der imposante Innenraum des Gotteshauses ist sehenswert, vor allem die Eichenholzkanzel mit ihren Schnitzereien, die berühmte Orgel und die Glasfenster. Gottesdienste werden hier nicht mehr gefeiert, die Kirche ist Orgelkonzerten und Ausstellungen vorbehalten.

Oude Kerk (F 4)
Oudekerksplein
Tram 4, 9, 16, 24, 25
Die Oude Kerk ist die älteste Kirche Amsterdams – Baubeginn war um 1300. Wie ein überdimensioniertes Bollwerk liegt sie im Gewirr der kleinen Gassen des Rotlichtviertels. Bereits im 16. Jh. erhielt die ursprüngliche kleine romanische Kreuzkirche (s. S. 85) ihre heutige beeindruckende Größe. Das dreischiffige Gotteshaus ist im Innern relativ schlicht gehalten. Die Oude Kerk erhielt ihren Namen erst, als die Nieuwe Kerk gebaut wurde, um deutlich zu machen, daß sie als die ältere auch die bedeutendere ist. Dieser lange schwelende Streit wurde erst im 19. Jh. entschieden, als das Gotteshaus am Dam den Rang der offiziellen Krönungskirche erhielt und die Oude Kerk auf ihren Platz verwies. Sie ist beliebt vor allem wegen ihrer Orgelkonzerte (s. S. 63) und des Glockenspiels.

Portugese Synagoge (G 5)
Mr. Visserplein 1
Tram 9, 14, Metro: Waterlooplein
Ihr eilt der Ruf voraus, die schönste im ganzen Land zu sein: der in Richtung Südosten, nach Jerusalem ausgerichteten Synagoge. Der mächtige rote Backsteinbau mit den violetten Fenstern entstand 1675 im Auftrag sephardischer Juden aus Portugal und illustriert in all seiner Pracht die Rivalität zwischen den wohlhabenden Sepharden und den ärmeren Aschkenasim, deren Synagoge halb so groß war (s. Extra-Tour 2, S. 87).

Westerkerk (D/E 4)
Westermarkt; Tram 13, 14, 17

Sightseeing

Während die Jordaan-Bewohner heute die Westerkerk gerne ein paar Meter nach Westen verschieben möchten, um diese quasi einzugemeinden (Extra-Tour 5, s. S. 92), haben sie Gebäude und Gottesdienst im 17. Jh. gemieden. Damals wurde die gerade erbaute Renaissancekirche (1620) nämlich vor allem von der begüterten Bevölkerung des Grachtengürtels besucht, und ›mit denen‹ wollten die einfachen Arbeiter nicht in einer Bank sitzen. Als krönenden Abschluß trägt der vielbesungene Westertoren die Krone Kaiser Maximilians. Der blaublütige Österreicher hatte der Stadt 1489 das Privileg verliehen, die Kaiserkrone im Stadtwappen zu führen. 85 m hoch ist der Turm, und wer den Aufstieg wagt, wird mit einem phantastischen Blick über die Grachten belohnt (April–Sept. Mo–Sa 10–16 Uhr; 3 hfl). Die Kirche ist für ihre Orgelkonzerte und das Glockenspiel bekannt (s. S. 63). Übrigens fand Rembrandt hier seine letzte Ruhe. Die genaue Lage des Grabes ist nicht bekannt.

Hoch hinauf geht's bei der Führung auf dem Westertoren

Museen

Für Viel-Konsumierer lohnt der **Amsterdam Pass** (s. S. 17).

Amsterdams Historisch Museum (E 4/5)
Kalverstraat 92
Mo–Fr 10–17, Sa, So 11–17 Uhr
Erw. 8, Kinder 4 hfl
Tram 1, 2, 4, 5, 9, 11, 20, 24, 25
Eines der wenigen spannenden Stadtmuseen: Mit modernsten Mitteln wird die Geschichte Amsterdams durch die Jahrhunderte verdeutlicht. Das Museum besitzt über die bekannte **Schuttersgalerij** einen Zugang zum Begijnhof (s. S. 69f.). Die Schützengalerie ist eine schmale überdachte Gasse, in der gewaltige Gemälde von Mitgliedern der Schützengilde hängen – einzigartig in der Welt.

Anne Frank Huis (E 3)
Prinsengracht 263
Sept.–März tgl. 9–19,
April–Aug. tgl. 9–21 Uhr
Erw. 10, Kinder 5 hfl
Tram 13, 14, 17, 20
Weltbekannt ist das Hinterhaus, in dem sich Anne Frank während des Zweiten Weltkriegs versteckte (s. Extra-Tour 2, S. 86). Lange Schlangen vor dem Haus dokumentieren das ungebrochene Interesse der Menschen am Schicksal der kleinen Jüdin. Das Hinterhaus wurde weitgehend authentisch belassen, im Vorderhaus Ausstellungen zum Themenkomplex Faschismus, Rassismus und Antisemitismus.

Aviodome (südwestlich A 8)
s. S. 81

Sightseeing

Holland Experience (G 5)
Waterlooplein 17
Tgl. 10–18 Uhr
Erw. 17,50, Kinder 15 hfl
Tram 9, 14, Metro: Waterlooplein
Seit Dezember 1996 hat Holland ein neues Multi-Media-Spektakel: Die Geschichte der Niederlande wird mit Hilfe neuester Technik auf eine riesige Filmleinwand projiziert. Dreidimensionale Bilder, Geruchs- und Klangeffekte sowie die bewegliche Bühne, die sich drehen und absenken läßt, vermitteln das mitunter bedrohliche Gefühl, live dabei zu sein, so beispielsweise wenn 80 000 l Wasser auf die Zuschauer zuzuschießen scheinen …

Joods Historisch Museum (G 5)
Jonas Daniël Meijerplein 2–4
Tgl. 11–17 Uhr
Erw. 8, Kinder 2 hfl
Tram 9, 14, 20,
Metro: Waterlooplein
Das berühmteste jüdische Museum außerhalb Israels. Untergebracht ist es in vier ehemaligen Synagogen (s. Extra-Tour 2, S. 87), die durch eine Stahl-Glas-Konstruktion miteinander verbunden sind. Themen der Ausstellung: jüdische Religion und Kultur, Verfolgung und Überleben unter den Nazis, Zionismus und die Geschichte der Juden in Holland.

Madame Tussaud Scenerama (F 4)
Dam 20
Tgl. 10–17.30,
Juli/Aug. 9.30–19.30 Uhr
Erw. 19,50, Kinder 16 hfl
Tram 4, 9, 16, 24, 25
Das bewährte Prinzip der Madame Tussaud ging auch in Amsterdam auf: Die Wachsfiguren ziehen die Menschen in ihren Bann. Lange Schlangen im Sommer beweisen, wie interessant die Abbilder von Rembrandt oder Königin Beatrix, Marilyn Monroe oder Bon Jovi sein müssen.

Museum Amstelkring (F 3)
Oudezijds Voorburgwal 40
Mo–Sa 10–17, So 13–17 Uhr
Erw. 10, Kinder 6 hfl
Wenige Gehmin. vom Bahnhof
Eines der *musts*: Hinter der Fassade dieses schönen Grachtenhauses aus dem 17. Jh. verbirgt sich eine der **Geheimkirchen** der Stadt. Zahlreiche dieser auch ›Schlupfkirchen‹ genannten Gotteshäuser entstanden im 17./18. Jh. 1578 wird Amsterdam protestantisch (s. S. 10), der katholische Glaube mußte in den ›Untergrund gehen‹. Hinter den Fassaden von Privathäusern richteten die Katholiken Kirchen ein, die es ihnen erlaubten, weiterhin mehr oder weniger heimlich ihren Gottesdienst zu besuchen. 225 Jahre feierte die katholische Gemeinde in diesem Kaufmannshaus ihre Messe, und zwar auf dem Dachboden, weshalb die kleine Kirche den hübschen Beinamen *Ons' lieve Heer op Solder*, Unser Herrgott auf dem Dachboden, erhielt. Außerdem sind Wohnräume des 17./18. Jh. zu sehen.

Nederlands Filmmuseum (C 6)
Vondelpark 3
3–4 Vorführungen pro Abend
ab 19/19.30 Uhr
Eintritt 11, ermäßigt 9 hfl
Tram 1, 3, 6, 12
In zwei mit Original-Interieur bestückten Filmsälen gibt's brandaktuelle Streifen und alte Klassiker zu sehen, manchmal auch Stummfilme mit Musikbegleitung. Außerdem wird die technische Seite des

Sightseeing

Filmemachens beleuchtet. Themenreihen; Filmplakateausstellung und -verkauf. Kinderfilme.

Nederlands Scheepvaartmuseum (H/J 4)
Kattenburgerplein 1
Di–So 10–17, Mitte Juni– Mitte Sept. auch Mo 10–17 Uhr
Erw. 14,50, Kinder 8 hfl
Tram 20, Bus 22, 32
Maßstabsgetreue Schiffsmodelle, Seekarten, Waffen, Gemälde, Fotos, kurz: Eine der umfangreichsten Sammlungen der Welt verdeutlicht die Geschichte der niederländischen Seefahrt. Absolutes Highlight: die am Museumssteg angedockte ›Amsterdam‹, Nachbau eines Seglers der Vereinigten Ostindischen Kompanie (1749). Im Sommer führt die Crew vor, wie es damals an Bord zuging.

newMetropolis Science & Technology Center (H 4)
Oosterdok 2, Di–So 10–18 Uhr
Erw 24, Kinder 16 hfl
Wenige Gehmin. vom Bahnhof
Wie ein gewaltiges Schiff erhebt sich das neue Museum vor der historischen Hafenfront der Stadt aus dem Wasser. Die seit dem 4. Juni '97 anrückenden Besucherscharen haben bewiesen, daß das heiß umstrittene Museum ein neues Highlight auf der Sightseeing-Liste ist. Das interaktive Technologiemuseum will spielend mit dem Themenkomplex Energie, Kommunikation und Mensch vertraut machen. Traumhafte Aussicht vom Dach.

Rembrandthuis (G 5)
Jodenbreestraat 4–6
Mo–Sa 10–17, So 13–17 Uhr
Erw 12,50, Kinder 7,50 hfl, bis 10 Jahre gratis
Tram 9, 14, Metro: Waterlooplein

Diamanten

Amsterdam genießt als Zentrum von Diamantenhandel und -industrie Weltruf – und das seit mehr als 400 Jahren. Hochkarätige Führungen durch die Schleifereien bieten verschiedene Firmen an, so z. B. **Amsterdam Diamond Center (F 4)**, Rokin 1, Tel. 624 57 87, und **Van Moppes Diamonds (E 8)**, Albert Cuypstraat 2–6, Tel. 676 12 42 – beides Traditionsunternehmen.

Fast 20 Jahre hat Rembrandt hier geschaltet und gewaltet. Es waren seine glücklichen und schaffensfreudigen Jahre, bevor er das Haus 1658 verkaufen mußte, um Schulden zu bezahlen. Fast alle seine Radierungen sind im neuen Museumsflügel ausgestellt, außerdem einige Zeichnungen sowie Gemälde seines Lehrmeisters und seiner Schüler. Der ursprüngliche Zustand des Wohnhauses wurde 1999 wieder hergestellt.

Rijksmuseum (D/E 7)
Stadhouderskade 42, Eingang Südflügel Hobbemastraat 19
Tgl. 10–17 Uhr
Erw. 15, Kinder 7,50 hfl
Tram 1, 2, 5, 6, 7, 10, 16, 24, 25
Manchmal besitzen Zahlen eine umwerfende Aussagekraft: Die rund 7 Mio. Exponate in den mehr als 300 Räumen werden jährlich von 1 Mio. Besuchern betrachtet. Seinen Weltruf verdankt das Museum vor allem der berühmten Gemäldesammlung flämischer, nie-

Sightseeing

Die Architektur des Rijksmuseum erinnert an die Centraal Station – Cuypers kombinierte bei beiden harmonisch Gotik und Renaissance

derländischer, italienischer, spanischer und französischer Meister des 15.–19. Jh. Darüber hinaus beherbergt der neogotische Museumsbau (1877–85) P. J. H. Cuypers' weitere bedeutende Abteilungen: Zeichnungen und Graphiken der Niederlande des 16./17. Jh. und Frankreichs des 18. Jh., eine Sammlung zur holländischen Geschichte, Skulpturen und Kunstgewerbe, asiatische Kunst sowie Kostüme und Textilien (Südflügel). Bekanntestes Gemälde im Rijksmuseum: die 1642 entstandene »Nachtwache« Rembrandts. Den Namen erhielt das Gemälde übrigens erst viel später: Es war im 19. Jh. stark nachgedunkelt … Das Jahr 2000 ist für das Museum übrigens ein bedeutendes Jahr: Es feiert seinen 200. Geburtstag – mit einem hochkarätigen Programm.

Stedelijk Museum (D 7)
Paulus Potterstraat 13
Tgl. 11–17 Uhr
Erw. 9, Kinder 4,50 hfl
Tram 2, 3, 5, 12, 16, 20

Das Museum – der modernen Kunst ab Mitte des 19. Jh. verpflichtet – ist eines der berühmtesten und fortschrittlichsten Europas. Sammlungen: Malerei und Bildhauerei, Fotografie, Videotechnik und Gebrauchsdesign. Besonders umfangreich vertreten sind Werke der Gruppe CoBrA, De Stijl und des russischen Konstruktivisten Malewitsch.

Theatermuseum (E 4)
Herengracht 168–174
Di–Fr 11–17, Sa, So 13–17 Uhr
Erw. 5, Kinder 4 hfl
Tram 13, 14, 17
Museum (und Institut) sind schon wegen der Traumlage einen Besuch wert: Die umfangreiche Kollektion an Kostümen, Masken, Requisiten, Fotos, Plakaten, Erinnerungsstücken großer Künstler ist in vier eleganten, frisch renovierten Grachtenhäusern des 17. Jh. untergebracht. Neben Zeichnungen, Videoaufnahmen und Lautarchiv enthält die Sammlung ein beeindruckendes Miniaturtheater.

Sightseeing

Tropenmuseum & Kindermuseum (J/K 6)
s. S. 67

Van Gogh Museum (D 7)
Paulus Potterstraat 7
Tgl. 10–18 Uhr
Erw. 12,50, Kinder 5 hfl
Tram 2, 3, 5, 12
Der gewichtige Dritte im Bunde an der neu gestalteten Museumsmeile ist dieses sehr nüchterne Bauwerk. Hinter den dezenten Mauern verbirgt sich die größte Van-Gogh-Sammlung der Welt mit mehr als 200 Gemälden und fast 500 Zeichnungen aus der holländischen und der französischen Schaffensperiode sowie 700 Briefen des Malers, die aufschlußreiche Details über sein unglückliches Leben verraten.

Willet-Holthuysen Museum (F 5)
Herengracht 605
Mo–Fr 10–17, Sa, So 11–17 Uhr
Erw. 7,50, Kinder 3,75 hfl
Tram 4, 9
Einziges vollmöbliertes, der Öffentlichkeit zugängliches Grachtenhaus des 17. Jh. Der Blick hinter die Kulissen fällt auf Original-Interieur des 18./19. Jh., Glas-, Silber- und Porzellansammlungen sowie den symmetrisch angelegten großzügigen Garten im Stil des 18. Jh., ein absoluter Luxus im an Wohnraum knappen Amsterdam.

Woonbootmuseum (D 4/5)
Prinsengracht gegenüber Nr. 296
Di–So 10–17 Uhr
Erw. 3,75, Kinder 2,50 hfl
Wie es sich für die Waterstad gehört, gibt es auch ein Hausbootmuseum. Wer wissen möchte, wie man auf einem *woonboot* lebt, ist hier richtig. Die meisten Besucher sind sehr erstaunt darüber, wie viel Platz auf der ›Hendrika Maria‹ ist.

Parks & Gärten

Amsterdamse Bos (südwestlich A 8)
Bus 170, 171, 172 ab CS
Ausgezeichnete Wander- und Radelmöglichkeiten bietet der Amsterdamse Bos (s. S. 66), der riesige Haus- und Hofwald der Hauptstädter. Im Sommer werden hier Theateraufführungen veranstaltet, die immer gut besucht sind.

Artis Zoo (J/K 5/6)
Plantage Kerklaan 38–40
Tgl. 9–17 Uhr
Erw 25, Kinder 17,50 hfl
Tram 9, 14, Artis Express (s. S. 20)
Im ältesten Zoo Hollands (1838), einem Tierpark klassischen Zuschnitts, leben über 6000 Tiere. Außerdem Besuch von Planetarium, Aquarium, Geologischem und Zoologischem Museum möglich.

Hortus Botanicus (G/H 5)
Plantage Middenlaan 2
1. April–30. Okt. Mo–Fr 9–17, Sa, So 11–17, 1. Nov.–31. März Mo–Fr 9–16, Sa, So 11–16 Uhr
Erw 7,50, Kinder 4,50 hfl
Tram 7, 9, 14
Die mehr als 6000 einheimischen und exotischen Pflanzen des Botanischen Gartens, letztere vor allem aus den ehemaligen holländischen Kolonien, garantieren eine stundenlange Entdeckungstour.

Sarphatipark (F 8)
Tram 3, 4, 24, 25
Ein kleines, idyllisches Juwel, dessen Besuch nach dem unterhaltsamen, aber anstrengenden Gang über den nahen Albert Cuypmarkt wunderbar erholsam ist.

Vondelpark (A 7/8–D 6)
Tram 1, 2, 5, 6, 7, 10
s. S. 66 und Extra-Tour 4, S. 90

Ausflüge

De Beverwijkse Bazaar

Der größte Markt Europas wird jedes Wochenende in fünf großen Hallen mit mehr als 3000 Ständen abgehalten. Wie auf einem orientalischen Basar fühlt man sich auf dem **Oosterse Markt** inmitten der duftenden Kräuter und Gewürze, der laut feilschenden Händler und der türkischen Klänge. Auf dem **Zwarte Markt**, dem Schwarzmarkt, kann man spottbillig in den Besitz von Kuriosa & Antiquitäten gelangen – nicht selten von einmaligen Schnäppchen. Es gibt hier wirklich alles, und *alles* ansehen dauert einfach länger – einen Tag sollte man schon einplanen. Wer hungrig ist nach all der Lauferei, dem kann geholfen werden: In den Buden und kleinen Restaurants reicht die Palette von der *echt hollandse kroket* mit einer *portie frites* über Falafel und Kebab zu ganz und gar unbekannten orientalischen Genüssen.

Beverwijkse Bazaar
Montageweg 35
1948 PH Beverwijk
Sa 8.30–16.30, So –17.30 Uhr
Infoline: Tel. 02 51/26 26 66
Eintritt Sa 5, So 6 hfl

Auto: A 8 und dann den Hinweisschildern »Beverwijkse Bazaar« folgen.
Zug: Amsterdam CS–Beverwijk, 2x stündlich, 21 und 51 nach jeder vollen Std.
Ab Beverwijk 7 Min. zu Fuß oder mit dem Pendelbus (alle 15. Min.).

Kennemerduinen

Zandvoort ist für viele Hollandbesucher das Synonym für Strand und Dünen. Zu Unrecht! Ganz in der Nähe liegt der **Nationaal Park** Kennemerduinen, der in Kombination mit einem Besuch des **Strandes von Bloemendaal** ein ruhiges und amüsantes Kontrastprogramm zu Menschenmassen und Entertainment total bietet. Der Nationalpark besteht aus nicht weniger als 2500 ha Dünen, Strandseen, Laub- und Nadelwäldern. Hier sagen sich tatsächlich noch Fuchs und Hase gute Nacht, beobachtet von Nachtigallen, die ihr Stimmchen pflegen.

Das Besucherzentrum in Overveen (Zeeweg) ist ein guter Ausgangspunkt für ausgedehnte Wanderungen und Fahrradtouren.

Ausflüge

Dünen, Sand und Meer en masse ... und Ruhe! Es gibt Alternativen zum überlaufenen Badeparadies Zandvoort

Am Bahnhof in Haarlem kann man Räder leihen (vorher reservieren; außerdem muß ein Pfand hinterlegt werden), und in einer halben Stunde ist Overveen erreicht.
Besucherzentrum: Frühjahr/Sommer tgl. 9–16.30 Uhr geöffnet, sonst an Wochenenden und in den Ferien (Tel. 023/527 18 71).
Fahrradverleih: Tel. 023/531 70 66 (100 hfl Kaution. Personalausweis mitbringen).

 Zug: Amsterdam CS–Haarlem 6 x stündlich.

Schiphol

Der Flughafen ist eine Welt für sich: Mehr als 25 Mio. Passagiere werden hier Jahr für Jahr abgefertigt. Er gehört weltweit zu den bestausgestatteten und ist mit mehr als 45 000 Beschäftigten der größte Arbeitgeber Amsterdams. Doch auch für den, der nicht in die Luft gehen will, ist der Flughafen einen Ausflug wert.

Los geht's am Bahnhof: Eine Viertelstunde später hat der Zug Schiphol erreicht. Auf direktem Weg gelangt man ins riesige, ultramoderne **Einkaufsparadies Schiphol-Plaza**. Täglich von 7–22 Uhr ist hier in mehr als 50 Läden Kaufrausch angesagt. Wer nicht mehr mag, für den gibt es zahlreiche Restaurants und Cafés.

Unter dem Namen **Schiphol World** (Tel. 406 80 00) sind alle Sehenswürdigkeiten zusammengefaßt: Für 15 hfl (Kinder 12,50) erwirbt man das Recht auf eine Rundfahrt, eine Fahrradtour über den Flughafen, die Superaussicht von der Panoramaterrasse, den Besuch im Luftfahrtmuseum Aviodome (Original-Flugzeuge und Hubschrauber, Propeller, Motoren, Instrumente etc., außerdem historische Filme und Videos) und vieles mehr.

Nationaal Luchtvaartmuseum Aviodome
Westelijke Randweg 201
1118 CT Schiphol-Centrum
April–Sept. tgl. 10–17,
Okt.–März Di–Fr 10–17,
Sa, So 12–17 Uhr
Erw. 12,50, Kinder 10 hfl

 Zug: Amsterdam CS–Schiphol mehrmals stündlich.

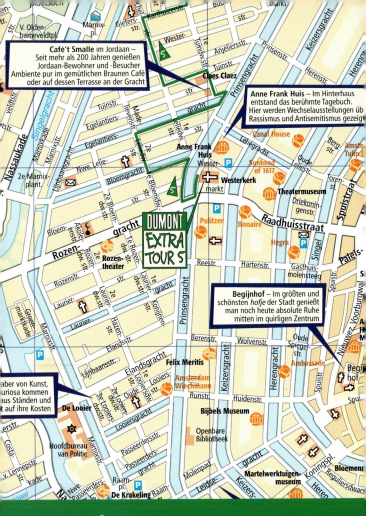

Extra-

Fünf Begegnungen mit Amsterdam

1. Wo nicht nur Rot die Sinne anregt ...
   Amsterdams ältestes Viertel
2. Mokum Aleph – jüdischer Vergangenheit auf der Spur

Touren

3. Waterstad Amsterdam
4. Grüne Lunge zwischen Kunst und Kommerz – rund um den Vondelpark
5. De Jordaan – Grachteneleganz und Innenhofidyll

Extra-Tour 1

Wo nicht nur Rot die Sinne anregt … Amsterdams ältestes Viertel

Ein Dorf in der Stadt, so wird das Rotlichtviertel oder **De Wallen** oft genannt. Es funktioniert nach seinen eigenen Sitten und Regeln; Yuppies, Kriminelle, Chinesen und Prostituierte bilden hier die stärksten Bevölkerungsgruppen. Ganze Horden freilaufender Touristen verlustieren sich tagein, tagaus an den überaus fleischlichen Schaufensterauslagen – und übersehen dabei, vom roten Schein geblendet, das Dickicht aus Kriminalität, Menschenhandel und Drogen, das hier wuchert. Die Damen und ihre Freier sind nicht erpicht darauf, als original Amsterdamer Sehenswürdigkeiten in die Fotoalben der Reiselustigen einzugehen, und so dümpelt manche Kamera eines vorwitzigen Fotografen in den morastigen Tiefen der Gracht vor sich hin. Wer sich zurückhaltender verhält, kann dieses Viertel tagsüber beruhigt erkunden: Dieser älteste Teil Amsterdams ist eine wahre Fundgrube für historische Architektur.

Vom Stationsplein aus führt der **Zeedijk** Richtung Nieuwmarkt. Noch vor zehn Jahren war diese Gegend fest im Griff von Dealern, Junkies und Kriminellen, und sogar die Polizei wagte sich kaum auf dieses verrufene Pflaster. Erst ein großangelegter Resozialisierungs- und Sanierungsplan, ständige Polizeipräsenz und Versammlungsverbot konnten das ehedem elende Straßenbild verändern. Haus für Haus wurde vollständig renoviert, und nachdem die Erneuerung nun fast vollständig abgeschlossen ist, hat der Zeedijk mit seinen beschaulichen Lädchen, Cafés und Restaurants ein neues Gesicht erhalten. Direkt am Anfang liegt das alte Seemannshaus **Int Aepjen** (s. S. 54), schräg gegenüber die liebevoll restaurierte **St. Olovskapel** und ein Stückchen weiter **De Portugees** (Zeedijk 28a, gemütliche Tapa-Bar; gegenüber, Nr. 39a, Restaurant gleichen Namens), wo leckere Tapas von den ausgesprochen freundlichen Wirtsleuten serviert werden. Wer echte holländische Folklore mag, ist am Mittwoch im **Café de Meester** (Zeedijk 30) richtig, Lokalkolorit gibt's gratis. In seinem weiteren Verlauf liegt der

Extra-Tour

Hoch her geht's im Café De Meester, wenn die Klezmerantics jiddische Lieder spielen

Zeedijk fast vollständig in chinesischer Hand: winzigkleine Restaurants, goldbraune Peking-Enten in den Schaufenstern, Supermärkte voll mit fernöstlichen Produkten, ein süßlicher Duft in der Luft – **Chinatown**. Samstag nachmittags rollt hier in Nobelkarossen der Jet-set chinesischer Abstammung an, um Einkäufe zu erledigen oder auszugehen.

Auf dem Nieuwmarkt angekommen, hält man sich rechts und gelangt, vorbei an Restaurants und Läden, nach 100 m rechts in den Barndesteeg. Hinter der langgezogenen Giebelwand linker Hand führen die Nonnen des großen **Bethanien-Klosters** ihr kontemplatives Leben, während ihre Nachbarinnen auf der anderen Seite, kaum 2 m entfernt, weitaus weltlicheren Tätigkeiten nachgehen – am Oudezijds Achterburgwal links über die Stoofbrug, die in den Stoofsteeg mündet, wo man gleich die warme, ja schwüle Stimmung spürt. Übrigens bleibt das gesamte Rotlichtviertel zur Winterzeit nahezu schneefrei – wegen der vielen gut beheizten Zimmer und der sich drängenden Laufkundschaft liegt die Durchschnittstemperatur immer um einige Grad höher als im Rest der Stadt. Rechts am Oudezijds Voorburgwal, der an dieser Stelle ruhige Wohngegend ist, sieht man die schönen historischen Grachtenhäuser (Nr. 115). Links erhebt sich die älteste Kirche Amsterdams, die **Oude Kerk** (s. S. 74); Baukunst aus mehr als drei Jahrhunderten ist hier vereinigt. Um das Gotteshaus herum, vorbei am **Museum Amstelkring** (s. S. 76) und den schönen Renaissance-Bauten (Nr. 14, 18) gelangt man links durch den Nieuwe Brugsteeg zur engen und geschäftigen Warmoesstraat. Die einst eleganteste Straße der alten Stadt bietet heute kuriose Läden und Kneipen. In der uralten Kaffeerösterei mit integriertem Museum **Geels & Co.** (Nr. 67; s. S. 52) kann man ein nicht alltägliches *kopje koffie* trinken und zu guter Letzt in der **Condomerie Het Gulden Vlies** (Nr. 141) das weltweit größte Angebot an Kondomen bewundern.

Gut dokumentierte **Rundgänge durchs Viertel** sind bei Rob van Hulst (s. S. 21) zu buchen.

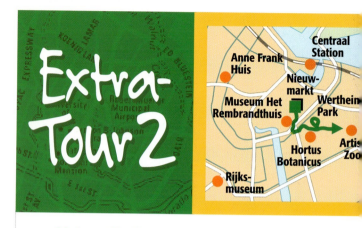

Mokum Aleph – jüdischer Vergangenheit auf der Spur

Über Jahrhunderte hat die jüdische Gemeinschaft Amsterdams das Leben der Stadt geprägt. Seit die **Sepharden** aus Spanien und Portugal vor der Inquisition und die **Aschkenasim** Osteuropas vor Pogromen flohen, war Amsterdam ›Mokum Aleph‹ – die beste aller Städte, ihr Jerusalem des Westens, wo sie ihren Glauben frei praktizieren konnten. Bis sie auch in Amsterdam nicht mehr willkommen waren. Während der Besatzungszeit im Zweiten Weltkrieg verschleppten die Nazis fast alle in der Stadt lebenden Juden und ermordeten sie in Konzentrationslagern. Ganze Straßenzüge leer, die Häuser geplündert, die Bewohner umgebracht – ins Leben Amsterdams schlugen die deutschen Greueltaten eine tiefe Wunde, die bis heute nicht verheilt ist.

Das **Anne Frank Huis** (s. S. 75) wird Jahr für Jahr von Hunderttausenden besucht, doch gibt es daneben viele im Stadtbild erhaltene Reste jüdischer Kultur, die von den Mokumern – wie sich die Amsterdamer selber nennen – gepflegt werden.

Seit jeher war der **Nieuwmarkt** die Grenze zwischen Rotlicht- und Judenviertel. Die St. Antoniesbreestraat mit ihren farbenfrohen Sozialwohnungen war der ehedem ärmere Teil des Judenviertels. Bis in die 60er Jahre ein trostloses Abbruchgebiet, wurde es dann von Hausbesetzern umgenutzt. Für den Bau der Metro in den 70er Jahren ließ die Stadt das Gelände unter heftigen Protesten räumen. Die aufgestauten Aggressionen entluden sich zum Teil in gewalttätigen Ausschreitungen.

Heute laden unter den Arkaden vieler Häuser kleine Läden und Cafés zum Verweilen ein. Linker Hand liegt der Snoekjessteeg, von dessen Brücke aus sich die Kombination historischer und zeitgenössischer Baukunst eindrucksvoll zeigt. Zurück auf der St. Antoniesbreestraat, ist man bei Nr. 69 vor dem imposanten **Pintohuis** angelangt, im 17. Jh. Wohnhaus des schwerreichen jüdischen Bankiers Isaac de Pinto, das nun als Bibliothek genutzt wird. Gegenüber gelangt man durch ein kleines, mit Totenköpfen verziertes Portal in den ehemaligen Kirchhof der

Extra-Tour 2

1614 erbauten **Zuiderkerk**, heute Sitz der Baubehörde der Stadt. Das Gotteshaus war die erste protestantische Kirche Hollands.

Von der St. Antoniesluis, die im Sommer von Caféterrassen belebt wird, blickt man auf den wehrhaften **Montelbaanstoren**, der im 16. Jh. zur Verteidigung des Viertels errichtet wurde. Zwei Häuser weiter stößt man an der Jodenbreestraat auf das **Rembrandthuis** (s. S. 77), in dem der Maler 20 Jahre seines Lebens wohnte und arbeitete; viele seiner Radierungen jüdischer Bürger befinden sich hier. Direkt hinter der Schleuse führen ein paar Stufen hinab auf den Waterlooplein, wo rund um den massigen **Stopera**-Komplex (s. S. 73) täglich ein großer Flohmarkt stattfindet. Drängt man sich nach links durch die unüberschaubare Ansammlung von Kitsch, Kunst und Kleidung und überquert den Waterlooplein, so gelangt man zum schmalen Turfsteeg, der auf das **Joods Historisch Museum** (s. S. 76) zuführt. Das Museum besteht aus vier Aschkenasim-Synagogen des 17. und 18. Jh.; gleich gegenüber, auf der anderen Seite der verkehrsreichen Weesperstraat, erhebt sich die monumentale **Portugese Synagoge** (s. S. 74). Sie dient noch heute als Gebetsort.

Auf dem Kiesplatz vor der Synagoge symbolisiert die Skulptur **De Dokwerker** den wagemutigen Widerstand der Amsterdamer gegen die Verschleppung ihrer jüdischen Mitbürger – am 25. Februar 1941 brach, durch die ersten Massendeportationen ausgelöst, ein wilder Streik aus.

Weiter der Muiderstraat folgend, überquert man die Hortusbrug; rechter Hand erstreckt sich der **Hortus Botanicus** (s. S. 79), links liegt der kleine **Wertheimpark**, wo das **Auschwitz Monument**, lauter zerbrochene Spiegel, an das Schicksal der jüdischen Bevölkerung gemahnt. Diese Gegend mit ihren vielen schönen Häusern war Anfang unseres Jahrhunderts bevorzugter Wohnort der jüdischen Oberschicht.

Die **Hollandse Schouwburg** an der Plantage Middenlaan 24 hat traurige Berühmtheit erlangt: Ab 1942 diente die Kunst- und Kulturstätte als Sammelplatz für Juden, bevor sie deportiert wurden. Zehntausende durchlitten in diesem Wartezimmer zur Hölle verzweifelte Stunden, und nach Kriegsende war klar, daß an diesem Ort niemals wieder eine Aufführung würde stattfinden können. Das Gebäude ist nun den Opfern des Holocaust gewidmet; eine große Tafel führt die Namen aller ermordeten Familien auf.

Vier ehemalige Synagogen bilden heute das Jüdische Museum

Waterstad Amsterdam

Amsterdam hält sich prima über Wasser: Die Stadt ist auf stabilen Pfählen in den Sumpf gebaut, Fluß und IJsselmeer abgetrotzt. Wie ein Spinnennetz zieht sich der Grachtengürtel schon seit drei Jahrhunderten über das Zentrum; seine Tentakeln schlagen sich auf einer Gesamtlänge von fast 80 km ins Stadtgebiet. Mehr Brücken als Paris, mehr Kanäle als Venedig soll die Stadt besitzen. Nach Hongkong und San Francisco zählt Amsterdam die meisten Hausboote (s. S. 72). Über 2000 dieser *woonbooten* liegen in den Grachten vor Anker. Kurz: Das Leben in der Stadt war und ist vom Wasser bestimmt.

Die Tour beginnt spektakulär – und wie es sich gehört – auf der Brücke an der Ecke **Reguliersgracht/Herengracht**. In allen vier Himmelsrichtungen schlagen Brücken ihren Spagat übers Wasser, insgesamt 15. Geschwungene und flache. Letztere ein Zugeständnis an die Pferdetrams: Die Schienen konnten nicht in einer Wölbung verlegt werden. Abends sind diese Brücken beleuchtet, und ihre Lichter spiegeln sich im Wasser. Der eleganten Reguliersgracht, einer bevorzugten Wohngegend, stadtauswärts folgen, schließlich nach links in die **Prinsengracht** einbiegen. Wie die meisten entstanden auch diese beiden Grachten im Rahmen der bedeutenden Stadterweiterung im 17. Jh. Ein Glückspilz, wer hier wohnt. Hausboote begleiten nun die Tour in Richtung Amstel, und nicht allen Kapitänen kann guter Geschmack bescheinigt werden.

Das **Amstelveld**, das sich links erstreckt, lockt vor allem am Montag früh Menschen an: Dann ist unter schattenspendenden Bäumen Blumenmarkt. Rechts neben der hölzernen **Amstelkerk**, die eigentlich im 17. Jh. nur als Provisorium gedacht war, findet sich eine beliebte Adresse der Amsterdamer: das **Café Kort** (s. S. 38f.). Seine Terrasse lockt, um das Treiben auf dem Markt oder der Prinsengracht beobachten zu können. Vorbei an der **Kokadorus-Statue**, die an einen Marktschreier erinnert, geht es weiter zur Amstel. Dieser Fluß gab der Stadt ihren Namen: Aus Amstelredamme – Damm über den Fluß Amstel – wurde später Amsterdam. An der

Extra-Tour ❸

Holländer lieben Holzschuhe – so das Klischee – und schrecken selbst vor skurrilen Auftritten nicht zurück ...

Ecke Prinsengracht/Amstel fällt der Blick rechts auf die **Hogesluis**, die 1662 errichtete und nahezu unverändert gebliebene Schleusenanlage. Früher diente sie militärischen Zwecken, heute dem Wasseraustausch in den Grachten. Alle zwei bis drei Tage wird das Wasser der Kanäle durch IJsselmeer-Wasser erneuert, sonst würde es bald erbärmlich stinken ... Links von der Schleuse öffnet sich nun vielleicht gerade die **Magere Brug**, die bekannteste Brücke der Stadt (s. S. 73), um ein Schiff durchzulassen. Hinter der hölzernen Ziehbrücke sind zahlreiche Wohnboote vertäut, die zum Teil schwimmenden Gärten gleichen.

Auf der anderen Seite der Amstel führt der Weg wieder stadteinwärts, Richtung Stopera. Auch die zweite hölzerne Ziehbrücke dieser Tour, die weiß gestrichene **Walter Süskindbrug**, ist noch in Betrieb. Sie ist nach einem deutschen Juden benannt, der während des Zweiten Weltkriegs viele in Amsterdam lebende Juden vor der Deportation bewahrte. Er selbst konnte sich nicht retten und starb 1945 in Auschwitz.

Ein paar Schritte sind es nun noch bis zur **Stopera** (s. S. 73). Links von ihr wuchtet sich die **Blauwbrug** (s. S. 70) in ihrer ganzen Würde über die Amstel. Ihren Namen verdankt sie übrigens dem ersten – blauen – Anstrich ihres Geländers. In der hypermodernen Stopera, genauer gesagt in der Passage zwischen Stadhuis und Muziektheater, trifft man auf einen guten alten Bekannten, den **Normaal Amsterdams Peil** (NAP). Bei uns besser unter dem Namen NN, Normalnull, bekannt, denn der Amsterdamer Pegel wird auch in Deutschland für Höhenmessungen und -angaben herangezogen. Drei Glassäulen zeigen neben dem bronzenen Eichpunkt den Meeresspiegel an. Eine Vertiefung des Themas ›Wasser‹ bieten die Schautafeln an der gegenüberliegenden Wand. Sie erläutern den komplizierten Wasserhaushalt der Niederlande. Im **Café Dantzig** (s. S. 59) im Stopera-Komplex an der Ecke Zwanenburgwal/Amstel wird man am Ende der Tour mit einem Blick auf Grachten, Hausboote und Brücken belohnt.

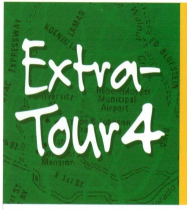

Grüne Lunge zwischen Kultur und Kommerz – rund um den Vondelpark

Die Amsterdamer lieben ihn, den 48 ha großen, zentral gelegenen **Vondelpark.** Die Besucher der Stadt auch, denn hier ist nicht nur ein Spaziergang im Grünen und Erholung vom Trubel möglich, vielmehr stellen Park und nahe Umgebung auch Architektur- und Kunstliebhaber sowie Konsumwillige zufrieden.

Das imposante Haupteingangstor an der Stadhouderskade öffnet sich auf einen großzügig angelegten Landschaftspark im englischen Stil. Baumgruppen säumen die weiten Rasenflächen und unregelmäßig angelegten Seen.

Nur kurz ist die allererste Begegnung mit dem kostbaren Grün, mit den Skatern, Radlern und Spaziergängern. An der ersten Brücke geht es dann schon wieder parkaus- und aufwärts, rechts die Treppe hinauf. Oben wartet die quirlige 1e Constantijn Huygenstraat; ein paar Schritte nach rechts, dann erneut rechts abbiegen. In der ruhigen Roemer Visscherstraat Nr. 20–30A dann ein architektonisches Kuriosum: Jedes der sieben nebeneinander aufgereihten Häuser repräsentiert ein anderes europäisches Land und einen typischen Baustil; Tjeerd Kuipers schuf die **Zeven Landen** 1894. Die Besichtigung des deutschen Romantikhauses, des französischen Loire-Schlosses, der spanisch-maurischen Villa, des italienischen Palazzo, der russischen Kathedrale, des holländischen Wohnhauses und des englischen Cottage läßt Europas Architektur in einer Minute vor dem geistigen Auge Revue passieren.

Zurück zur 1e Constantijn Huygenstraat, diese überqueren – und nach ein paar Metern umfängt einen erneut die Stille des Parks. Rechts prangt ein stattlicher Bau aus Glas und Eisen, der das **Filmmuseum** (s. S. 76f.) beherbergt. Bis zu vier Filme laufen hier täglich; im Sommer wird draußen eine Riesenleinwand installiert, und abends gibt's Open-air-Kino. In der heißen Jahreszeit laden Terrasse oder Biergarten des **Café Vertigo** zum kühlen *pilsje*, und im Winter trinkt man seinen *coffie* in den Caféräumen direkt über dem Filmmuseum. Nur: Die besten Plätze – egal ob im Kino oder

Extra-Tour 4

Nicht nur Freitag nachts – dann findet hier traditionell der Friday Night Skate statt – sind die Skater auf allen Wegen unterwegs

auf der Terrasse – sind sehr schnell belegt.

Der nächstgelegene rechte Ausgang führt direkt auf die **Vondelkerk** zu, eines der Meisterwerke P. J. H. Cuypers. Ob der sich allerdings freuen würde, wenn er wüßte, daß sein um 1880 entstandenes gotisches Gotteshaus heute Büros beherbergt? In einem Oval führt die Vondelstraat um die Kirche. Hier, in der Nr. 140, liegt auch eines der bestgehüteten Geheimnisse Amsterdams: die **Hollandse Manege**. Sie ist nach dem Vorbild der Spanischen Hofreitschule zu Wien gebaut. Vom ehemaligen Orchesterbalkon – heute Café – hat man sowohl die Zwei- und Vierbeiner als auch das elegante Metalldach im Blick.

Der Vondelstraat 164 gegenüber liegt schon der nächste Parkeingang. Geradeaus führt der Weg direkt auf die eiserne Brücke mit dem schmiedeeisernen Geländer zu. Dahinter rechts halten – und vor einem liegen **Musikpavillon** und **'t Ronde Blauwe Theehuis**. Der runde blaue Teepavillon – eine der schöneren Hinterlassenschaften der Funktionalisten – birgt heute ein Café mit Biergarten. Rechts, hinter dem Musikpavillon, ragen die Aufbauten des **Podium** in die Luft. Dieses Freilichttheater ist im Sommer die Attraktion schlechthin. Täglich finden Veranstaltungen statt: Konzerte, Theater, Kinder-Amusement. Das Podium rechts liegen lassen, weiter bis zum Park-Restaurant. An der Weggabelung links auf die blaue Eisenbrücke zugehen. Weiter vorne zeichnet sich nun eine Statue ab. Sie erinnert an den Mord an einem surinamischen Jungen. Er mußte wegen seiner Hautfarbe sterben, so lautet die Inschrift am Denkmal.

Vor der Statue rechts halten, der Weg führt direkt auf einen Parkausgang und die **P. C. Hooftstraat** zu. Diese Straße kennen zumindest die reicheren Amsterdamer. Sie ist die exklusivste Einkaufsgegend der Stadt. Hier gibt sich die Crème de la Crème der Haute Couture ein Stelldichein.

Wer jetzt noch Kraft in den Knochen und ein aufnahmefähiges Hirn besitzt, halte sich an der nächsten Querstraße rechts. Sie führt direkt zur Museumsmeile.

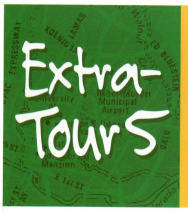

De Jordaan – Grachteneleganz und Innenhofidyll

Das meistbesungene Wahrzeichen Amsterdams und besonders des Jordaan, die Westerkerk, gehört eigentlich gar nicht zum Viertel. Doch ohne seinen Westertoren wäre es einfach unvorstellbar.

Der Jordaan, die Wiege des echten Amsterdamers, wird von Prinsen-, Brouwers-, Looiers- und Lijnbaansgracht begrenzt. Er war im 17. Jh. Wohnquartier der mit dem Bau des Grachtengürtels beschäftigten Arbeiter und Handwerker. Später lebten hier über 80 000 Menschen auf engstem Raum zusammen und entwickelten notgedrungen den ihnen so eigenen Lebensstil: ein wenig stur und eigenwillig, vor allem aber sozial und *gezellig*. Heute ist der kleine Jordaan wegen seiner intimen und gemütlichen Atmosphäre als Wohnviertel mindestens ebenso beliebt wie der Grachtengürtel.

Ist die **Prinsengrachtbrücke** überquert, hat man den Boden des Jordaan offiziell betreten und stößt auf die überaus fotogene Kaffeerösterei **Simon Lévelt** (Nr. 180). Die **Bloemgracht**, die erste Quergracht, war und bleibt die vornehmste Adresse im Viertel. Um hier (Nr. 19 und 29) eine Wohnung zu ergattern, mußte man stets (und das gilt bis auf den heutigen Tag) sehr tief in die Tasche greifen. Man beachte die Giebelsteine – unbedingt den Kopf weit in den Nacken legen! Auch Nr. 51, eine Galerie, wird von einer ganz besonderen Galeonsfigur geschmückt. Rechter Hand führt nun die 2e Leliedwarsstraat auf die malerische **Egelantiersgracht**, wo sich hinter der grünen Tür (Nr. 107) eine Oase der Ruhe, das **St. Andrieshofje**, verbirgt. Besucher, die durch den blau-weiß gekachelten Gang in den pittoresken Innenhof treten, werden – wie in allen Hofjes – freundlich darum gebeten, Stille und Privatsphäre der Bewohner zu respektieren (s. S. 12). Die Hofjes, oft aus der Erbmasse reicher Amsterdamer finanziert, waren in erster Linie alleinstehenden Frauen oder Witwen zugedacht, die hier in Frieden ihre alten Tage genießen sollten. Manche werden bis heute zu diesem Zwecke genutzt, andere wiederum ausschließlich an (Musik-)Studenten vermietet. Zurück in

Extra-Tour

Richtung Prinsengracht und von dort aus der 1e Egelantiersdwarsstraat folgend, sollte man nach etwa 100 m mutig die Tür in einer fensterlosen Mauer auf der rechten Seite öffnen – und landet im in sich geschlossenen Universum des **Claes Claesz Hofje**, bewohnt von Studenten des Sweelinck-Konservatoriums. Spaziert man nun weiter die Tuinstraat nach links, bleibt der Blick auf intimen, kleinen Plätzen mit Ruhebänken und verzierten Laternen haften. Für ein aromatisches Täßchen *verse koffie* empfiehlt sich das traditionsreiche Bruin Café **De Tuin** in der 2e Tuindwarsstraat Nr. 13, in der auch viele Läden zu finden sind.

Daß die meisten Straßen im Jordaan nach Blumen oder Pflanzen benannt sind, wird auf die Hugenotten zurückgeführt, die sich nach der Flucht aus Frankreich hier niederließen – und ihren *jardin* bepflanzten. Ganz in diesem Sinne tun die heutigen Bewohner ihr Bestes, um das Viertel grün zu halten: Ob Geranien, Kletterrosen oder wilder Wein, in jedem Winkel, auf jeder Fensterbank wuchert ein Gewächs. Hinter der Westerstraat mündet die 2e Tuindwarsstraat in die Tichelstraat, wo sich eine besonders romantische Variante vom ›Stadthaus mit Garten‹ (Nr. 45) befindet. Rechter Hand erstreckt sich die Giebelfront des **Huys Zitten Weduwen Hofje** (auch Karthuizerhof genannt) von 1650, dessen vier die beiden Innenhöfe umschließenden Flügel einst Witwen als kostenlose Wohnstätte dienten. Über die 2e Lindendwarsstraat gelangt man zur Lindengracht, wo sich hinter einem Türchen (Nr. 149–163) das mit Hortensien bewachsene **Suyckerhoff Hofje** verbirgt. 1670 wurde es aus dem Erbe von Pieter Suyckerhof für alleinstehende evangelische Frauen errichtet.

Durch diese ›hohle Gasse‹ gelangt man ins St. Andrieshofje, einen der schönsten Innenhöfe

In diesem Teil des Jordaan wohnt der echte *jordanees*, wie an den prächtigen Tüllgardinen, buntbemalten Porzellanfigürchen oder Blumentöpfen in den Fenstern unschwer abzulesen ist. Auf der Palmgracht schließlich fällt ein historisches Haus ins Auge, dessen linker Eingang ins winzige **Bossche Hofje** (1648, Nr. 20–26) führt.

Hat man nun von märchenhafter Zurückgezogenheit und Stille genug, sollte man in eines der Cafés an der Brouwersgracht einkehren, z. B. ins **Thijssen** (s. S. 43). Wer doch noch ein wenig weitergeht, kommt spätestens am **Papeneiland** (s. S. 55) in der Prinsengracht nicht mehr vorbei. Hier trifft man wieder auf den vertrauten Westertoren, dem keine Regung und Bewegung in ›seinem‹ Viertel je entgeht. Und jetzt ein *pilsje met bitterballen*!

Impressum/Fotonachweis

Fotonachweis

Alle Fotos von Martin Zitzlaff, Hamburg

bis auf:
S. 4/5, 89, Silke Geister, Hamburg
S. 59 Otto Stadler, Geisenhausen

Kartographie: Berndtson & Berndtson Productions GmbH, Fürstenfeldbruck
© DuMont Buchverlag

Wir danken dem Amsterdam Marketing & Data Center.

Alle in diesem Buch enthaltenen Angaben wurden von den Autoren nach bestem Wissen erstellt und von ihnen und dem Verlag mit größtmöglicher Sorgfalt überprüft. Gleichwohl sind inhaltliche Fehler nicht vollständig auszuschließen. Ihre Korrekturhinweise und Anregungen greifen wir gern auf. Unsere Adresse: DuMont Buchverlag, Postfach 101045, 50450 Köln. E-Mail:reise@dumontverlag.de

Übersetzung des Textes von Jaap van der Wal: Martin Zitzlaff

Die Deutsche Bibliothek – CIP-Einheitsaufnahme
Völler, Susanne:
Amsterdam : [mit großer Extra-Karte!] / Susanne Völler ; Jaap van der Wal. - Ausgabe 2000. - Köln : DuMont, 2000
(DuMont Extra)
ISBN 3-7701-5100-3

NE: Wal, Jaap van der

Grafisches Konzept: Groschwitz, Hamburg
© 2000 DuMont Buchverlag, Köln
Alle Rechte vorbehalten
Druck: Rasch, Bramsche
Buchbinderische Verarbeitung: Bramscher Buchbinder Betriebe
ISBN 3-7701-5100-3

Register

1e Klas (G 3) 55
Aalders (D 7) 24
Aas van Bokalen (E 5) 35
Acro (D 7) 25
Ambassade (E 5) 28
Americain (D 6) 42
American (D 6) 29
Amstel Inter Continental (G 7) 30
Amstel Taveerne (F 5) 58
Amstelkerk 88
Amsterdam House 31
Amsterdam Wiechmann (D 5) 27
Amsterdammertjes 69
Amsterdams Historisch Museum (E 4/5) 75
Amsterdamse Bos (südwestl. A 8) 31, 79
Anne Frank Huis (E 3) 75, 86
April (E 5) 58
Arena (J 6) 25
Artis Zoo (J/K 5/6) 79
Auskunft 16
Avenue (F 3) 27
Aviodome (südwestl. A 8) 75, 81
Backstage (F 6) 42
Balie, De (D 6) 43, 64
Begijnhof (E 5) 69
Belgisch Restaurant Lieve (E 3) 36
Bethanien-Kloster 85
Beurs van Berlage (F 3) 62, 70
Beverwijkse Bazaar, De 80
Blauwbrug (G 5) 70, 89
Bojo (E 6) 41
Bonaire (E 4) 25
Bossche Hofje 93
Bourbonstreet (D/E 4) 56
Brasserie Toomeloos (D 6) 36
Café Dantzig 89
Café de Meester 84
Café Vertigo 90
Camping 31
Canal House (E 3) 27
Caneçao Rio (E 5) 56
Casino (D 6) 57
Centraal Station (F/G 2/3) 70
Chinatown 85
Christophe (E 3) 40
Claes Claesz Hofje 93
COC (D 4) 58
Cockring (F 4) 58
Dachau Monument (südwestl. A 8) 71
Dam (F 4) 71
Dancing 't Heerenhuys (E 3) 57
Dantzig aan de Amstel (F 5) 59, 89
Dorrius (F 3) 38
Downtown (E 5) 58
Draußen sitzen 59
Drie Fleschjes, De (F 4) 53
Duende (E 2) 35
Eden Best Western (F 5) 28
Electrische Museumtramlijn (südl. A 8) 67
Engelbewaarder, De (F 5) 35
Entrepotdok (H 5) 71
Escape (F 5) 57
Essen & Trinken 32–43
Fahrradverleih 20
Falafel Dan (E 8) 40
Feste 60
Filosoof, De (C 6/7) 26
Françoise (E 6) 58
Freizeit & Fitness 66–67
Garage, Le (D 8) 40
Gasthuys, 't (F 5) 59
Gays and Lesbians 58
Giebelsteine 71
Grachtenhäuser 71
Grand, The (F 4) 31
Hausboote 72
Hegra (E 4) 26
Henri Prouvin (F 4) 54
Hoek, De (D 4) 43
Hofjes 13, 72, 92
Holland Experience (G 5) 76
Hollandse Manege 91
Hollandse Schouwburg 87
Hortus Botanicus (G/H 5) 79, 87
Hotels 24–31
Humphrey's (F 3) 37
In de Wildeman (F 3) 54
Indonesia (D 6) 41
Inline Skating 66
Innendesign 50
Int Aepjen (G 3) 54, 84
Intermezzo (E 3) 37
Jan Luyken (D 7) 29
Jaren, De (F 5) 55, 59
Joods Historisch Museum (G 5) 76, 87
Jordaan (D/E 2/5) 68, 92
Jugendherbergen 31
Kapitein Zeppos (F 5) 56
Kaufhäuser 48
Kennemerduinen 80
Kinder 67
Kindermuseum (J 6) 67
Kino 61
Kirchen 74/75
Kokadorus-Statue 88
Koninklijk Paleis (E/F 4) 72
Konzerte 62–64

95

Register

Kort (F 6) 39, 58, 88
Krasnapolsky (F 4) 30
Kroon, De (F 5) 56
Kultur & Unterhaltung 60–65
Kulturzentren 64
Lairesse (D 8) 30
Lancaster (H 5) 26
Leihwagen 20
Lotus (G 4) 41
Lucius (E 4) 39
Luxembourg (E 5) 56
Madame Tussaud Scenerama (F 4) 76
Magere Brug (G 6) 73, 89
Manchurian (D 6) 41
Margarita (F 5) 41
Märkte 49
Maxim Pianobar (D/E 4) 56
Mazzo (D 4) 57
Montelbaanstoren 87
Movies Wild Kitchen (E 2) 38
Mozes- en Aaronkerk (G 5) 74
Mulligan's (F 5) 56
Museen 75–79
Museum Amstelkring (F 3) 76, 85
Museum- en Spiegelkwartier (D/E 6/7) 68
Musikkneipen 56
Musikpavillon 91
Nachtrestaurants 41
Nationaal Luchtvaartmuseum Aviodome (südwestl. A 8) 81
Nederlands Filmmuseum (C 6) 76, 90
Nederlands Scheepvaartmuseum (H/J 4) 77
newMetropolis Science & Technology Center (H 4) 77
Nieuwe Café, 't (F 4) 43
Nieuwe Kerk (E/F 4) 74
Nightlife 52-59
Oininio (F 3) 43, 48
Oosterling (F 6) 54
Oper 64–65
Oude Centrum (F/G 3/5) 68
Oude Kerk (F 4) 74, 85
Owl (D 6) 28
Pancake Bakery, The (E 3) 36
Papeneiland (E 2) 55, 93
Paradiso 57, 63
Parks 79
Pijp, De (E/G 7/8) 69
Pintohuis 86
Place, La (F 5) 36
Plantage (G/J 5/6) 69
Podium 91

Pompadour (E 5) 43
Portugees, De (G 3/4) 84
Portugese Synagoge (G 5) 74, 87
Prins, De (E 3) 36
Prinsenkelder, De (D 6) 39
Pulitzer (D 4) 31
Puri Mas (E 6) 42
Rembrandthuis (G 5) 77, 87
Rijksmuseum (D/E 7) 77
Ronde Blauwe Theehuis, 't 91
Saarein (D 4) 58
Sarpathipark (F 8) 79
Schiphol 81
Shopping 44–51
Sightseeing 68–79
Singel (F 3) 28
St. Andrieshofje 92
St. Olovskapel 84
Sluizer (F 6) 38
Smalle, 't (E 3) 55, 59
Smulewicz (F 5) 36
Soulkitchen (F 5) 58
Stadtteile 68
Stedelijk Museum (D 7) 78
Stopera (F/G 5) 73, 87, 89
Strada, La (F 3) 38
Sunhead of 1617 (E 4) 26
Swarte Schaap, 't (D 6) 40
Taxi 19
Tempo Doeloe (F 6) 42
Theater 64
Theatermuseum (E 4) 78
Thijssen (E 2) 43, 93
Toro (B 8) 28
Tram 19
Trammuseum (südl. A 8) 67
Tropenmuseum (J 6) 67
Tuin, De 93
Twee Zwaantjes, De (E 3) 56
Van Gogh Museum (D 7) 79
Vertigo (C 6) 59, 90
Vijff Vlieghen, d' (E 5) 39
Vliegende Schotel, De (D 3) 40
Vondelpark (A 7/8-D 6) 79, 90, 91
Vrolijke Abrikoos, De (F 7) 41
Waag-Café (G 4) 43
Waag, De (G 4) 73
Walter Süskindbrug 89
Wassertaxi 19
Wassertouren 20
Wertheimpark 87
Westerkerk (D/E 4) 74f.
Willet-Holthuysen Museum (F 5) 79
Woonbootmuseum (D 4/5) 79
Zeven Landen 89
Zuiderkerk 87